Liebe Carmen,

vielen Dank für Deine langjährige Unterstützung und Inspiration?

Ich freue mich, Dir hiermit als meines "Danke-schön" mein erstes "richtiges" Buch übergeben zu dürfen.

Viel Spaß beim lesen und mit dem Staff?

[Unterschrift]

Wie wär's mal mit 'nem Schaf?

Mein aufrichtiger Dank gilt

Ernst Crameri
Ohne Dein Buchseminar und Deine Motivation
wäre dieses Buch nicht entstanden.
Ich segne Dich

Ulrike Wünnemann
Für den wunderbaren Klappentext und ihre Inspiration
zu Buchtitel und Inhalten

Susanne Wiemer
Goldmarie-Grafikdesign
Für die hervorragende Umsetzung
meiner Impulse - Covergestaltung

Urheber für das Titelbild im Hintergrund
Photo by rawpixel on Unsplash

Fotos vom Schaf
Regine Rauin
(me myself and I)

Regine Rauin

Wie wär's mal mit 'nem Schaf?

Überraschende Impulse für den
Klimawandel im Büro

Bibliografische Information der Deutschen Nationalbibliothek
Die Deutsche Nationalbibliothek verzeichnet diese Publikation
in der Deutschen Nationalbibliografie; detaillierte bibliografische Daten sind im Internet
über http://dnb.d-nb.de abrufbar.

© 2018 Regine Rauin
WohnDICH – im Büro
1. Auflage
ISBN: 978-3-948041-00-7

Inhaltsverzeichnis

Vorwort - für Büro Menschen

Liebe Büro - Menschen,

es hat lange gedauert, bis mir die verzwickten Zusammenhänge bewusst geworden sind.

Am Anfang stand die Erkenntnis, dass mich seit Jahren jede Firma mit einer anderen, ihrer Energie entsprechenden, Krankheit beglückt.
Das reicht von Zähneknirschen über undefinierte Magenschmerzen bis hin zu Herzrasen.

Selbst als Freelancerin erreichen mich die ungesunden, gestressten, manchmal sogar panikartigen Energien meiner Ansprechpartner.

Am lebhaftesten in Erinnerung geblieben ist mir das *„urgent, urgent"* meiner lieben Kollegin in Dubai. Sie verwendet es fast in jeder Mail. Den Druck, der auf ihr lastet, spüre ich bis nach Deutschland.
Er kommt mir beim Lesen der E-Mail so geballt entgegen, dass es mich im wahrsten Sinne des Wortes umhaut. Ich brauche eine Stunde im Garten, bis ich mich selbst wieder spüre.

Wenn Du jetzt denkst: „Das ist doch wirklich übertrieben!", dann beobachte Dich bitte einmal bei Deiner Arbeit.

Spürst Du, wie Du schon auf dem Weg dorthin innerlich in eine Abwehrhaltung gehst?

Fühlst Du die Verkrampfung in Deinen Schultern, den steifen Nacken und das undefinierte Druckgefühl in der Magengegend?
Dann bist Du in diesem Buch genau richtig angekommen.

Entspanne Dich, wenn Du magst lege die Füße gemütlich hoch und nehme Dir einfach mal in Ruhe Zeit nur für Dich – mit dem Schaf im Arm.

Selbstmobbing ist heilbar!

Alles Liebe und Gute
Deine Regine Rauin

Vorwort - für Chefs

Liebe Chefs,

es hat lange gedauert, bis mir die verzwickten Zusammenhänge bewusst geworden sind.

Am Anfang stand die Erkenntnis, dass mich seit Jahren jede Firma mit einer anderen, ihrer Energie entsprechenden, Krankheit beglückt.

Das reicht von Zähneknirschen über undefinierte Magenschmerzen bis hin zu Herzrasen. Haben Sie sich schon einmal gefragt, ob es Ihren Mitarbeitern genauso geht? Nein? Das sollten Sie aber!

Sie verstehen etwas von Zahlen, daher rechne ich Ihnen mal kurz die Folgen gestresster Mitarbeiter vor: 80% der Mitarbeiter sind gestresst und bringen daher nur 20% ihrer Leistung ins Büro und in den PC.

Sehe ich Sie nicken? Gut.
Bei 100 Mitarbeitern bedeutet das für Sie: 20 + 16 (die 20% von den 80 gestressten Mitarbeitern) = 36 Mitarbeiter die produktiv arbeiten. Im Verhältnis zu 100 Mitarbeitern, die sie täglich, wöchentlich, monatlich, jährlich bezahlen.
Sie fragen sich jetzt vielleicht, wieviel Sie das in realen Zahlen kostet. Rechnen wir kurz am Beispiel eines durchschnittlichen monatlichen Bruttolohnes von EUR 3.000. Mit allen Nebenleistungen kostet Sie dieser Mitarbeiter (niedrig angesetzt) EUR 5.000 im Monat.

Wenn wir bei 100 Mitarbeitern als Basis bleiben, bedeutet das, dass Sie jeden Monat 64 x EUR 5.000 zahlen, ohne dafür einen Gegenwert zu erhalten.

Das macht pro Monat EUR 320.000. Und im Jahr???

EUR 3.840.000!!! (3,84 Millionen EUR)

Sie schlucken?

Ja, das ist schlecht - für alle Beteiligten.
Die Lösung? Sie liegt im „Außen", weil es das „Innen" beeinflusst.

Deshalb gilt es, Räume zu schaffen, die die wirkliche, echte Kommunikation fördern. Von Mensch zu Mensch, von Angesicht zu Angesicht.
Ganz persönlich.

Diese Räume schaffe ich – in Zusammenarbeit mit Ihnen und Ihren Mitarbeitern.

Ich bin die Brücke für Ihr MITEINANDER.
Die Übersetzerin zwischen Mitarbeiterisch und Chefisch.

Öffnen Sie sich für das Schaf, damit Sie erkennen, was Ihre Mitarbeiter Ihnen bislang nicht zu zeigen wagten.

Wir kriegen das wieder hin!
Ihre Regine Rauin

Meine Mission

Liebe Leser,

warum schreibt eine Innenarchitektin über das Klima im Büro und über all die Herausforderungen, die Mitarbeiter und Chefs in ihrem täglichen Umgang miteinander zu bewältigen haben?

Nun, weil ich als Innenarchitektin erkannt habe, dass jede Änderung im Außen eine Veränderung im Innen nach sich zieht ... und umgekehrt.

Bei entspannten Hundespaziergängen mit lockeren Begegnungen und teilweise tief greifenden Gesprächen, wurde mir klar,
was wir im Büroalltag - und nicht nur dort - benötigen:

Begegnungsplätze

Warum Begegnungsplätze?
Weil das größte Manko heutiger Unternehmen in mangelnder Kommunikation zwischen den Abteilungen, innerhalb der Abteilungen und zwischen den verschiedenen Hierarchie -Ebenen besteht.

Durch zahlreiche Missverständnisse und dem „anderen vors Knie treten" entstehen den Unternehmen Verluste in immensen Höhen, gleichzeitig fallen Mitarbeiter ins Burn-out (OK. Manche sind auch einfach ständig krank ...) oder wandern ab.

In diesem Buch zeige ich humorvoll und gleichzeitig in die Tiefe gehend (was kein Widerspruch ist), die kritischen Punkte auf und biete einen Lösungsansatz an.

Manchmal bedarf es dazu nur eines niedlichen Schafes, um das Eis zu brechen und ein neues MITEINANDER zu schaffen.

Ich habe lange überlegt, ob ich Euch förmlich „Sieze" oder vertraulich „Duze"

Das Wissen, das die Seele geduzt werden möchte, hat mich dazu bewogen, mich für das „DU" zu entscheiden. Mir ist es wichtig, dass Du Dich als Mitarbeitermensch in Deinen Ängsten, Sorgen und Nöten erkannt siehst, Dich für Ratschläge und Tipps öffnest und wir ein Stück des Weges gemeinsam gehen.

Bei den Chefs erschien es mir etwas unverschämt, gleich mit dem „DU" ins Haus zu fallen. Daher wechsele ich erst zum „DU" wenn wir uns näher kennengelernt haben und die Gespräche so viel Tiefgang bekommen, dass das „SIE" uns nur im Wege steht.

Dieses Buch ist ein reales Buch, damit Du es „benutzen" und dadurch „begreifen" kannst.

Schreib ruhig hemmungslos, offen und ehrlich hinein.

Es ist DEIN Buch!

Es ist dazu gedacht, Dich zu begleiten. Dein Buch liebt es, wenn es in Deiner Tasche landet, heimlich unter dem Schreibtisch hervorgezogen wird oder Du einfach mal zwischendurch einen Blick auf das Schaf werfen möchtest, um Dein Lachen wieder zu finden.

Wenn Du es über meine Homepage **www.wohndich.de** direkt bestellst oder bestellt hast, werde ich Dir handschriftlich, ganz persönlich, eine Widmung mit auf Deinen Weg geben.

Da meine Fülleranzahl stetig wächst, kannst Du lt. Stand dieser ersten Auflage zwischen den Tintenfarben:

- Türkis
- **Pink**
- Orange wählen

Ich gestalte Deinen Lebensraum (der im Büro gleichzeitig Dein Arbeitsraum ist), damit DU Deine Persönlichkeit entfaltest!

Alles Liebe Deine
Regine

Deine Vision

Wundere Dich nicht, dass ich mit Kindheit und Co. anfange.

Es ist einfach so, dass uns all diese Erlebnisse im wahrsten Sinne des Wortes für unser weiteres Leben prägen.

Diese Prägung spiegelt sich später auch am Arbeitsplatz wider.

Damit Du diese Zusammenhänge siehst und verstehst, ist es notwendig, am Anfang ein wenig mehr in die Tiefe zu gehen.

Das ist wichtig, um darauf basierend die vielfältigen Möglichkeiten zu erkennen, die Du hast, um auch im Kleinen Deinen Arbeitsplatz zu verbessern.

Zudem hast Du so die Chance zu erkennen, wann Du intensiver als andere auf bestimmte Verhaltensweisen Deines Umfeldes oder bestimmter Situationen reagierst.

Betrachte diese Momente ganz genau, sie sind der Schlüssel für eine Veränderung.

Du wirst feststellen, dass ich Dir in diesem Buch eine ganze Menge Fragen stelle. Viele habe ich in Form von Listen zusammen gefasst.

Das unterstützt Dich dabei, Dir darüber klar zu werden, wo Du stehst und wo der Schuh am meisten drückt.

Natürlich kannst Du das Buch auch einfach nur durchlesen. Du möchtest aber wirklich etwas ändern - oder?

Dann ist es wichtig, dass Du Dir die Zeit nimmst und die Fragen durcharbeitest. Gehe es stetig, aber in Ruhe an. Es ist wichtig, dass Du immer nur soviel liest und durcharbeitest, wie Du verdauen kannst.

Lass viele Dinge nachwirken. Schreibe Dir gerne auf, was Dir danach in den Sinn kommt. Das hilft Dir, den nächsten wichtigen Schritt für Dich zu erkennen.

Wenn Du eine Frage nicht spontan beantworten kannst, dann stelle sie Dir laut und deutlich und lass sie im Raum stehen.

Du wirst sehen, in den darauffolgenden Stunden und Tagen, wird Dein Unterbewusstsein Dir Antworten geben.

Es ist sehr wahrscheinlich, dass diese Antworten nicht unbedingt angenehm für Dich sind.

Halte es aus. Stell die nächste Frage. Deine Vision wird sich entwickeln, die Vision, die Dich an die Hand nimmt und Dir deutlich macht, welcher Weg für Dich ganz persönlich der Beste ist.

Ich wünsche Dir alles Gute auf dieser Entdeckungsreise.

Deine Regine

Wie die Kindheit Dich gedeckelt hat

Die Ursachen für viele Dinge liegen in Deiner Kindheit. Das ist einfach so. Lass uns gemeinsam schauen, was so alles passiert sein kann.

Erste Erziehungsmaßnahmen

Wenn Du werdenden Müttern lauscht, dann kannst Du schon während der Schwangerschaft erkennen, wie das Leben der noch Ungeborenen später aussehen wird.

Warum das so ist? Weil wir – meist unbewusst – jede Bewegung, jedes Ruckeln kommentieren und auf das weitere Leben hochrechnen.

„Nein, niemals", denkst Du jetzt vielleicht. „Doch", sage ich!

Ich gebe Dir mal ein paar Beispiele:

- ✓ Hach, jetzt strampelt es schon wieder so, das wird bestimmt mal ein anstrengendes Kind!
- ✓ So ein Gemütling, schläft den ganzen Tag in mir, während ich ... machen muss. Na, das wird ja was werden, wenn es erst geboren ist!

Erkennst Du Dich oder Menschen aus Deinem Umfeld jetzt ein bisschen besser? Ja, wir kommentieren und bewerten. Oft verurteilen wir leider auch ... sogar ein noch ungeborenes Kind!

„Das tut man nicht!"

Ich habe gedacht, dass dieser Satz im Zeitalter der digitalen Welt und Globalisierung endlich ausgedient hat. Wenn Du beim normalen Einkauf Müttern, Eltern, Tanten und Onkeln beim Umgang mit ihren Sprösslingen lauschst, wirst Du schnell feststellen, dass dieser Satz keineswegs ausgedient hat:

„Finger weg! Jetzt setz Dich doch nicht hier mitten im Laden auf den Boden! Das tut man nicht!"

Die Wenigsten denken darüber nach, wer „man" denn eigentlich ist, wer das festgelegt hat und ob es nicht etwas merkwürdig ist, dass alle Anderen die gleichen Sätze sagen und es möglicherweise völlig reichen würde, sich selbst so zu verhalten, dass das Kind einen nachahmen kann. Denn wir lernen hauptsächlich durch Nachahmung. Gehe also nett und anständig mit Dir und Deinen Mitmenschen um. Dein Kind wird es Dir ganz bestimmt nachtun.

„Was sollen die Nachbarn denken?"

Ja, was sollen sie denn denken? Vielleicht, dass bei Dir alles super läuft, Du ein Vorbild für die Menschheit bist und bei Dir immer alles perfekt ist?

Warum sollen sie das denken? Tja – und was denkst Du denn über sie?

Was ist so schlimm daran, die eigenen Fehler einzugestehen und damit jedem anderen auch zu erlauben, Fehler zu machen?

Wer definiert, wie „perfekt" aussieht? Meinst Du nicht, es wäre für alle Beteiligten deutlich entspannter, sich selbst so zu nehmen, wie man ist und das auch zu leben? Vorausgesetzt, dass andere dadurch nicht zu Schaden kommen.

Ist es wirklich so schlimm, wenn das eigene Kind eben mal Matsch verschmiert ist? Dann läuft es eben mal so schnell es kann und wahrscheinlich fällt es dabei auch mal hin. Das hilft ihm, ein Gefühl dafür zu entwickeln, was klappt und wann etwas brenzlig wird. Bald lernt es zu fallen und vor allem lernt es, wieder aufzustehen. Es wird dadurch immer sicherer, mutiger und SELBST bewusster.

Schön unter dem Radar bleiben

Kinder lernen schnell.

Mama mag das nicht? Also warten sie ab, bis Mama kurz abgelenkt ist und nutzen die günstige Gelegenheit, es doch zu tun.

Kinder sehen sehr genau, dass es eine Diskrepanz gibt, zwischen dem was die Eltern sagen und dem was sie tun.

Wer kann schon solch hohen Anforderungen (perfekt zu sein) auf Dauer standhalten?

Schnell wird klar, dass das, was man bei anderen tut, nicht das ist, was man zu Hause lebt.

Dem Kind wird schnell klar - Es gibt zwei Welten:
- ✓ die öffentliche Welt
- ✓ die private Welt

Das Versteckspiel, Verhaltensweisen und Vorlieben zu verheimlichen, die „man" nicht macht, beginnt.

Erstes Unwohlsein mit sich selbst

Es dauert nicht lange und die Teile sowie Dinge, die nicht oder nur heimlich gelebt werden dürfen, rebellieren.

Je nach Charakter des Kindes geht es in die

- ✓ Konfrontation oder
- ✓ Resignation (Verstecken)

Das sind letztlich zwei Seiten derselben Medaille. Egal, ob die Verweigerung oder die Annahme des Vorgelebten, die Handlungsweise der Wahl ist, das was den eigenen Charakter wirklich ausmacht, kann sich nicht entfalten.

Es entsteht entweder ein Rebell, der sich verweigert und bei allem genau das Gegenteil von dem tut, was die Eltern machen oder eine Art Kopie der Eltern, die sich genau an die elterlichen Werte und Vorgaben hält.

Vor lauter Anstrengung, entweder die verhassten Handlungen zu vermeiden oder im anderen Fall, zu kopieren, bleibt wenig Energie übrig, um die ureigenen Bedürfnisse zu leben.

Was nicht gelebt wird, stirbt ... „Use it or loose it" und wird denjenigen, die es unverschämter Weise wagen, es auszuleben, mit Freude als respektloses, unmögliches Verhalten vorgeworfen.

Kindergarten

Offiziell als heile Welt für glückliche Kinder proklamiert, setzen viele Eltern sehr große Hoffnung in diese Institution und gehen davon aus, dass ihre Kinder dort ein unendlich glückliches, sorgenfreies Leben mit Gleichaltrigen führen.

Wenn Du mit wachem Blick einen Moment neben einem Kindergarten stehen bleibst, wirst Du ein anderes Bild sehen. Die Realität.

Leider sind meist zu wenige Erzieherinnen und Betreuerinnen am Start, deren Aufgabe es immer mehr ist, Kinder frühzeitig zu katalogisieren.

Sie verbringen einen Großteil ihrer Zeit damit, Bewertungsbögen auszufüllen, meist leider mit dem Blick auf das, was „nicht in Ordnung" ist. Die Suche nach den Fehlern beginnt.

Schule

Mit der Schule beginnt die Formung ... und leider vor allem auch: die Angst! Wird mein Kind es schaffen, aufs Gymnasium zu gehen? Hoffentlich kann es studieren, „damit etwas aus ihm wird".

Merkst Du das? Es geht gar nicht mehr um dieses junge Wesen, es interessiert oft nicht, was das eigene Kind mit Freude tut und wo es sich entfalten könnte ... zumindest nicht, wenn es Bereiche sind, deren Entfaltung eine „brotlose Kunst" bedeuten.

Überleg doch mal, wie es bei Dir war. Hat sich jemand dafür interessiert

- Wann Du am lautesten gelacht hast?
- Wann Du angefangen hast, vor Dich hin zu singen?

20

Erinnerst Du Dich

- Wie Deine Körperhaltung war? War da Energie, Spannung und Freude?
- Bist Du liebevoll mit Dir und Deiner Umgebung umgegangen?
- Konntest Du Dich im Moment verlieren?
- Hast Du Dich getraut, neue Dinge auszuprobieren?
- Bist Du locker auf andere zugegangen?
- Hattest Du besondere Fähigkeiten?

Clique

Mit etwas Glück hast Du Deine Jugend in Gemeinschaft von Freunden verbracht. Es ist wunderbar, einen engen Freundeskreis zu haben, sich mit seinen Nöten austauschen zu können, sich geborgen zu fühlen und coole Dinge zu unternehmen.

Besteht eine Clique aus vielen eigenständigen Jugendlichen, die mit sich und der Welt im Reinen sind, die wohlwollend mit sich und anderen umgehen und sich gegenseitig unterstützen, ist das Leben ein Fest.

Schließen sich eher unsichere Jugendliche zusammen, wird sich schnell jemand finden, der die Führung beansprucht.

Das hat meist zur Folge, dass die anderen sich in ihrem Verhalten anpassen, um dazu zu gehören.

Von außen betrachtet: kann sich in diesem Fall ein Mensch, der „normalerweise" total nett und freundlich ist, in der Gruppe zu einem völlig anderen Jugendlichen entwickeln, der sich dem Anführer und dem Gruppendruck unterordnet. Somit für ihn atypische Verhaltensweisen an den Tag legt.

Freunde

Gleich und gleich gesellt sich gern. Man grenzt sich gegenüber anderen ab, entwickelt eigene Codes, Vorlieben und Hobbys. Ein enges Miteinander im Freundeskreis.

Je nach den Erfahrungen in den ersten Lebensjahren sind es Freigeister, Rebellen, Denker, Kümmerer, Forscher oder Entdecker. Eine herrliche Zeit.

Welche Freude, wenn Deine Freunde alle Deine Eigenschaften akzeptieren, Dich lieben und Dir hilfreiche Ratschläge geben.

Oft kommen aber die erlernten Muster hoch und damit das

- „so geht das nicht"
- „Du willst doch nicht ernsthaft?" oder auch das
- „egal, wir machen jetzt erst recht ..."

Unterstützer in der Familie

Vielleicht hattest Du auch das Glück, einen Unterstützer zu haben.

Jemanden, der im Umkreis der Familie lebt und mit Dir eng verbunden ist.

Ein Freund der Familie zum Beispiel, der sein Herz an Dich verloren hat, bei dem die Chemie stimmt und der Dich mit Dingen in Berührung bringt, die Du so noch nie kennengelernt hast.

Zum ersten Mal hast Du bewusst die Chance, die Abläufe in der eigenen Familie mit denen in anderen Familien zu vergleichen.

Es ist möglich, zu reflektieren, über bisherige Grenzen zu gehen und eine andere Sichtweise, eine andere Reaktion auszuprobieren.

Zeit für Korrekturen, Ergänzungen und Erweiterungen des eigenen Horizonts. Eine echte Bereicherung!

Großeltern

Ein wahrer Segen. Auch wenn Kinder oft den Eindruck haben: meine Eltern sind als Großeltern nicht die, die sie als Eltern waren.

„Jetzt verwöhn das Kind doch nicht so" ist ein typischer Spruch der Eltern an ihre Eltern.

Vielleicht ist es das schlechte Gewissen, bei den eigenen Kindern nicht so entspannt gewesen zu sein. Sicherlich die Erkenntnis und Freude, das Aufwachsen eines solch faszinierenden kleinen Wesens noch einmal in Ruhe und mit etwas mehr Abstand erleben zu dürfen.

Gern nutzen Großeltern die Chance, Dinge, die ihnen sehr viel bedeuten, die aber von den eigenen Kindern eher belächelt wurden, an einen Menschen weiter zu geben, der aufmerksam zuhört, begeisterungsfähig ist und sie bedingungslos liebt.

Welch ein Schatz an Erfahrung für alle Beteiligten.

Vorfahren

Die ganze Geschichte einer Familie vererbt sich von Generation zu Generation weiter.

Keine der nachfolgenden Generationen ist von den Erlebnissen der Vorfahren unberührt.

Inzwischen ist es nachgewiesen, dass wir unser Erbe in Form von gespeicherten Informationen über z. B. frühere Hungersnöte, Ängste, ja sogar bis hin zu kompletten Bewegungsabläufen und Redewendungen in uns tragen. Für Dich selbst kann es sehr hilfreich sein, in der Ahnenreihe auf Charaktere zu stoßen, die Dir selbst ähnlicher sind, als es die direkte Verwandtschaft vielleicht ist. Wenn Du Ahnenforschung betreibst, fühlst Du Dich oft viel mehr mit der eigenen Geschichte verbunden. Du erkennst Parallelen und kannst verstehen, warum Du auf manche Dinge so reagierst, wie Du reagierst.

Bist Du im Hamsterrad?

Laufen und laufen, manchmal bis zur totalen Erschöpfung, sich anstrengen, sich richtig reinhängen ... und doch nicht von der Stelle kommen.
Das ist das Hamsterrad. Bist Du schon darin gefangen?

Wie erkennst Du das?
Sonntagabend: Das bekannte unruhige Gefühl macht sich in Dir breit und zugleich das Bewusstsein: „Oh je, wenn ich aufwache, ist Montag."
Du bleibst länger auf, als Dir guttut. Hast Angst, einzuschlafen, denn sobald Du aufwachst, beginnt der 1. Tag einer langen Woche.

Einer nach Deinem Gefühl nie zu Ende gehenden Woche. Einer Woche, des auf der Stelle tretens, obwohl Du Dich vermeintlich bewegst, Dich abstrampelst, alles gibst.
In Wirklichkeit bewegst Du Dich kein Stück ... nur das Rad ... dreht sich.

- Du bist müde
- Du verspannst Dich
- Du verweigerst Dich
- Du sackst in Dich zusammen
- Du keuchst
- Du reißt Dich zusammen
- Du merkst: es zerreißt Dich

Herzlich Willkommen!

Tritt im Geiste 3 Schritte zurück und Du siehst:
Dich im Hamsterrad ...

Wie schlimm ist es schon?

Ist da nur die leise anklopfende Erkenntnis: „Mir ist nicht wohl?"
Oder der Schmerz im Kiefer, weil Du in der Nacht bereits auf dem Problem herumgekaut hast, um es zu zermalmen?
Du zermalmst dabei nur Dich … und Deine Gesundheit.

- Beobachte Deine Gedanken über den Tag
- Schreibe alles auf, was Dich berührt
- Wende den Blick aus dem Fenster in die Natur (wenn es die Natur ist, die Du beim Blick aus dem Fenster siehst)
- Trete in Deiner Vorstellung aus dem Rad heraus und schaue es Dir an

Bricht wirklich alles zusammen oder öffnet sich etwas in Dir?

- Gewinnst Du eine neue Festigkeit?
- Nimmst Du Haltung an
- Oder befällt Dich eine Art Ohnmacht?

In den ersten beiden Fällen war es Rettung in letzter Sekunde …
Wenn Du Dich bereits ohnmächtig fühlst, ist die Zeit gekommen, Dir Hilfe zu holen! Ganz schnell!

Selbstverschuldet?

Ja.
„Nein", schreit es wahrscheinlich in Dir.

Schuld sind doch die anderen:

- Deine Eltern
- Dein Umfeld
- Deine Kollegen
- Dein Chef

„Nein."

Du bist eingestiegen und drin geblieben!

Das hat Gründe und Ursachen, die Dir sicher gerade bewusst werden.

Lehne Dich zurück.

Es ist Zeit zu spüren, was Du da gerade tust.

Einatmen, ausatmen. Sein. Es ist jetzt egal, warum, wieso, weshalb.

Wichtig ist nur zu spüren:

- Du bist, wo Du bist

Möchtest Du woanders sein?

Dann mach Dich auf die Reise! Such Dir Deinen Lieblingsort aus, finde heraus, welchen Flug oder welche Bahn Du nehmen musst ... vielleicht ist es auch nur ein paar Schritte entfernt.

Steh auf, schüttle die alten Lasten ab und gehe den ersten Schritt!

Wie bist Du da reingeraten?

Oh, Du lässt nicht locker. Du möchtest es unbedingt wissen. Du liebst es, immer wieder in Deine Vergangenheit zu gehen und dieselben alten Verletzungen zu durchleben.

Du badest gerne in Deinem Schmerz.

Du suhlst Dich förmlich darin. Glück ist nur für die anderen. Du hast das nicht verdient. „Die da" sind viel besser als Du.

„Die" hatten viel bessere Umstände. „Die" hatten es immer so viel leichter. Es war schon immer ganz klar, dass „Die" da sind, wo sie jetzt sind.

Was immer schon noch viel klarer war, ist, dass Du dort niemals ankommen wirst.

Da es eh hoffnungslos ist, verharrst Du im Regen, bleibst ungeschützt dem Sturm ausgesetzt.
Du frierst, Du bist einsam.
Unverstanden von der Welt. Du hast es nicht besser verdient.

STOPP

Merkst Du es?
Wegen dieser Gedanken bist Du in Deine jetzige Situation geraten.

Wie kommst Du da wieder heraus?
Höre auf Dich und vor allem auf die leisen Stimmen in Dir!
Nimm wahr, dass da jemand ist, der Dir leise auf die Schulter tippt und Dir die nächsten Schritte zuflüstert. Sei dieser Stimme dankbar!

Sage ihr ruhig: „Liebe Stimme, ich merke, dass Du es gut mit mir meinst. Ich bin unsicher, ich wage es noch nicht, mich Dir völlig hinzugeben, Dir zu vertrauen. Bitte bleib bei mir und führe mich."

Du wirst sehen - je mehr Du Dich öffnest, desto mehr Du Dir selbst Raum gibst, desto lauter wird sie zu Dir sprechen. Sie wird Dir kurze Handlungsimpulse geben. Sie gibt Dir Zeichen, sie hilft Dir.

Es ist Zeit. Endlich Zeit. Zeit, an Dich zu denken, Dich zu spüren. Zeit, Dir und Deiner inneren Stimme zuzuhören. Sie ernst zu nehmen. Ihr zu vertrauen ... und ihr auch zu folgen.

Der erste Teil des Weges wird wie ein Trampelpfad sein. Vielleicht hast Du Angst, ihn zu gehen. Sei tapfer! Geh ihn weiter. Spüre. Folge.
Du wirst sehen, es wird leichter, schöner, erfüllter!

Welche Schäden hast Du davongetragen?
Hat sich Dein Rücken bereits versteift, weil Du zu viel Last trägst?
Ist es erst nur Dein Nacken, der weniger beweglich ist?
Fällt es Dir schwer, Dich zu bewegen, Dich aufzuraffen?
Bist Du schon lange in Dich zusammengesackt?
Hast Du resigniert?
Hast Du Dich aufgegeben, weil Du denkst, es wird sich niemals ändern?
Denkst Du etwa tatsächlich, dass Du da niemals rauskommst?

Ich muss spontan lächeln, während ich das schreibe. Denn ich habe das auch gedacht, sogar sehr oft gedacht.
Keine Sorge - es sind nur Deine Gedanken. Schau und höre sie Dir gut an. Schreibe sie auf, knie Dich tief hinein.

Merkst Du, wie klein sie werden?

Es sind nur Gedanken.

Sie haben sich in Deinem Körper manifestiert. Du bist, was Du denkst.

Schau Dich an. Trau Dich!

Spürst Du den Ballast, der Dich niederdrückt?

Leg ihn ab.

Was tun?

Bilder.

Schau Dir Bilder an, die Dir gefallen ... vielleicht sogar von einem niedlich lächelnden Schaf. Lese Geschichten mit Happy End.

Spüre die Energie, die ein Happy End in sich trägt.

Spüre die Freude.

Höre positive Lieder, Lieder von Menschen, die es geschafft haben.

Höre hilfreiche Podcasts. Folge Menschen, die Dich begeistern.

Du wirst sehen, dass sie alle durch diese Täler gegangen sind.

Was sie von Dir unterscheidet? Sie sind einfach weiter gegangen.

Gehe spazieren. Beobachte Dich. An welchem Ort lässt Du Dich nieder?

Wirst Du Dich wirklich auf die nasse, schmutzige Bank setzen, die auch noch im Schatten steht und von der aus man lediglich gegen eine hässliche Wand schaut?

Niemals!

Du wirst weiter gehen. Zu der Bank mit der Aussicht, auf der es warm und schön und trocken ist.

Was hält Dich noch auf?

Mach den ersten Schritt!

Ist die Krankheit Dein letzter Ausweg?

Zahlen, Daten, Fakten.

Nein, das ist nicht schlimm. Ganz im Gegenteil: Das ist heilsam.

Lass uns zusammen eine Checkliste aufstellen. Ich bin mir sicher, Du wirst erstaunt sein.

Wann warst Du das letzte Mal krank?

- ☐ Kopfschmerzen am ....
- ☐ Übelkeit am...
- ☐ Magenschmerzen am..
- ☐ Herzrasen am...
- ☐ Tiefe Müdigkeit am..
- ☐ Verspannungen am...
- ☐ Sonstiges noch Schlimmeres am..

Sei ehrlich zu Dir selbst. Es ist für DICH!

Was sagen Deine Freunde?

- ☐ Warum kommst Du nie mit?
- ☐ Warum arbeitest Du immer?
- ☐ Warum ist Dir schon wieder schlecht?
- ☐ Warum bist Du immer so traurig oder gereizt?

Sei ehrlich zu Dir selbst. Es ist für DICH!

Wie verbringst Du Deine Tage?

- ☐ Aufstehen, arbeiten, müde nach Hause kommen, schlafen...und wieder von vorne?
- ☐ Arztbesuche?
- ☐ Du überlegst abends was Du tagsüber eigentlich gemacht hast?
- ☐ Du bleibst meist erschöpft zu Hause?
- ☐ Warum bist Du immer so traurig oder gereizt?

Wann wirst Du krank?

Schau Dir genau an, wann die Schmerzen anfangen. Schreib dir die ersten Symptome auf und versuche zu ergründen, was sie ausgelöst hat.

- Eine blöde Bemerkung Deiner Kollegen
- Alles von vorne, wenn Du die Arbeit gerade abgeschlossen hast
- Du hast gerade 2 Emails gelesen, da sind schon 5 Neue aufgeploppt
- Du hattest eine unangenehme Besprechung
- Das letzte Kundentelefonat war unterirdisch

Fühlt es sich trotz Schmerz an wie eine Erlösung?

- ➲ Bist Du morgens froh, dass Du im Bett liegen bleiben kannst?... selbst wenn der Kopf dröhnt?
- ➲ Genießt Du es, Dich einzumummeln und die Welt draußen zu lassen?
- ➲ Ist es einfach nur herrlich, einmal nicht für alles verantwortlich zu sein?
- ➲ Findest Du es tief in Dir drin ganz wunderbar, ein wenig mit Halsschmerzen und Bauchschmerzen zu leiden – weil Du im Gegenzug die volle Aufmerksamkeit Deiner Familie bekommst?

He, steh auf! Umarme Deinen Schmerz, er zeigt Dir, was Du schon soo lange vermisst hast.

Meinst Du nicht auch, dass Deine Freunde und Deine Familie Dir ihre Aufmerksamkeit viel lieber geben, wenn Du voller Energie bist und ihr schöne Dinge zusammen unternehmen könnt?

Schlechtes Gewissen?

Ja, es ist herrlich, sich so anerkannt zurück zu ziehen und den anderen die blöden Aufgaben zu hinterlassen.

Vorsicht! Meist geht die Rechnung nicht auf, denn auch die anderen haben da so ihre Vermeidungsstrategien.

Tja, und dann ist da noch dieses schlechte Gewissen, das sich immer wieder seinen Weg nach oben bahnt.

Es verhindert, dass Du wirklich in die so heiß ersehnte Entspannung gehen kannst.

Es nagt an Dir und vermiest Dir den Tag.

Vielleicht hat es sogar recht: Du hast Dich gedrückt!

Du hast Dich in die Krankheit geflüchtet. Wäre es nicht viel schöner, mit gutem Gewissen frei zu haben, wirklich frei?

Egal, ob zum genüsslichen Einkuscheln oder um die Welt zu erobern.

Steh auf!

32

Wiederholungstäter?

Beim letzten Mal hat es so gut funktioniert. Warum solltest Du es nicht noch einmal machen?

Du wirst sehen, die Hemmschwelle wird immer niedriger.

Dein Antrieb, die Dinge wirklich anzugehen, leider auch.

Der Berg an Aufgaben wächst, die Zeit, sie zu erledigen, schrumpft.

Ein Teufelskreis.

Bleib stehen, gucke es Dir an. Nicht mehr. Schau hin, spüre.

Wie oft wiederholst Du die immer gleichen Vorgehensweisen? Wie kurz sind die Zwischenräume bereits geworden?

Alles, was Du jetzt brauchst, ist Bewusstsein und Klarheit über folgende Punkte:

- o Was machst Du da eigentlich?
- o Soll das Dein ganzes restliches Leben so weitergehen?

Symptome

- ∞ Wenn ich nur kurz diese Tabletten einwerfe, dann geht es schon wieder
- ∞ Nur mal eben ein Glas Wein zur Beruhigung
- ∞ Nach einem Stückchen Schokolade geht es mir bestimmt wieder besser
- ∞ Gibt es etwas Besseres als diese herrlich knusprigen Chips im Mund auf der Zunge zergehen zu lassen? Ach ne, das war ja die Schokolade ... also die Chips zwischen den Zähnen zu zerknuspern

Das ist alles prima, wenn Du es genießt und wirklich richtig Appetit darauf hattest.

Ist das so?

Hey, sei ehrlich!!!

Kann es sein, dass es nur die kleinen Trösterchen sind, die bald doch nicht mehr trösten, sondern evtl. neue Probleme hervorrufen?

Jetzt hast Du nicht nur „Rücken", sondern leider auch keine Hose mehr, die Dir passt. Oh Mist ... noch mehr Ballast.

Wagst Du es, die Ursache zu suchen?

Ich habe verdammt viele Nächte damit zugebracht, mich zu fragen, was denn eigentlich mit mir los ist. Warum ich nicht, wie alle anderen auch, da durchschreite und einfach weitermache.

Das Arbeitsleben ist eben so. Den anderen in meinem Freundeskreis geht es genauso.

Meine Eltern hatten es mir schon vor der Lehre prophezeit, dass es genau so sein würde. Nach der ersten Begeisterung fängt die Arbeit an ihren Reiz zu verlieren. Im nächsten Schritt wird sie einfach zur Gewohnheit und irgendwann zur Qual.

Ich habe meinen Eltern damals geschworen, dass ich das nicht mitmachen werde. Ich würde immer nur eine Arbeit machen, die ich liebe und die mir Spaß macht.

Trotzdem ist sie auf einmal da ... die Qual. Ständiger Termindruck, immer nur schnell, schnell.

Alles, was mich an Lichtplanungen gereizt hat, darf ich nicht mehr machen: kein Rumschieben der Leuchten bis alles passt, nicht das schönste Deckenbild herauskitzeln und mit Liebe gestalten ...

So wird aus Glück ganz schnell Frust, aus Stolz auf meine Arbeit eher eine Art Beschämung und aus Begeisterung dann Resignation.

Herzlich willkommen beim Selbstmobbing.

Versagensängste

Wenn die eigene Arbeit an sich keine innere Befriedigung mehr bringt, beginnt die Unsicherheit.

- Sind die anderen schneller als ich?
- Oh je, meine Planungen sind bestimmt nicht so gut.
- Die anderen sehen gar nicht so unzufrieden aus. Wie machen die das?

Erst im persönlichen Gespräch habe ich erfahren, dass es den anderen genauso geht. Sie verstecken ihre Gefühle nur besser.
Natürlich sieht man es ihnen an:

- An den Gesichtern, die nicht mehr fröhlich aussehen (sondern gestresst)

Wir sind austauschbar geworden. Wir machen alle die gleichen Arbeiten, immer und immer wieder die Gleichen ... endlos ... jeden Tag. Immer wieder.

Angst macht sich breit. Wir sind so vergleichbar geworden. Wer kontrolliert eigentlich all die Listen, die wir ausfüllen? Wie interpretiert derjenige die Daten, die dort aufgeführt sind? Wie sehen die Details bei den anderen aus?

Die Stimmung wird ungeduldiger, gehetzter und vor allem - gereizt.
Wir reden nur noch kurz. Ich bekomme kaum noch etwas von den anderen mit.

Denen geht es doch bestimmt viel besser als mir. Nur ich funktioniere nicht mehr.

Die würden doch etwas sagen, wenn es ihnen so wie mir ginge – oder???

Gegen das eigene Bauchgefühl

Die Sache spitzt sich zu.

Der Bauch fängt an zu rebellieren. In der Gegend um den Solarplexus breitet sich ein steter unangenehmer Druck aus.

Es stimmt definitiv etwas nicht. Aber was eigentlich?

So langsam fängt es an, in mir zu rebellieren. Ich gehe in die innere Kündigung. Durchhalten ist die Devise.

- o Wird schon wieder
- o Ist alles nur eine Phase

Geht es Dir gerade auch so?

Fragst Du Dich auch, ob etwas „nur eine Phase" sein kann, wenn es doch schon mehrere Jahre andauert?

Ich fange an, über Alternativen nachzudenken. Ich versuche, ins Gespräch zu kommen.

Da alle Stress haben, stirbt die Kommunikation langsam aus. Wir haben einfach keine Zeit mehr dazu ... denken wir.

Jede Sekunde zählt, denn es ist so viel zu tun.

Kennst Du das?

Du fängst an, Dich zu fragen, wovon Du denn leben sollst, wenn Du nicht mehr arbeitest.

Wie viele Jahre sind es eigentlich noch bis zur erlösenden Rente?

Wir fangen an, Witze zu machen, um unser Elend wenigstens kurzzeitig zu vergessen.

Der innere Widerstand wächst. Der Krankenstand auch ...

Sind Dir die Folgen bewusst?

Schlechte Stimmung auf der Arbeit bleibt leider nicht auf der Arbeit.

Natürlich nimmst Du die gehetzte, unerfüllte Energie mit in Deine Familie und in Dein Zuhause.

Das hat Folgen:

- Abends bist Du erschöpft
- Gespräche sind anstrengend geworden
- Du möchtest nur noch Deine Ruhe haben

Was Deine Familie und Deine Freunde so treiben und unternehmen, wie es ihnen geht, ... Du weißt es nicht mehr.

Wie auch, Du siehst sie ja kaum.

Mir ist es auch erst spät aufgefallen, dass ich mich einschließe. Unbewusst.

Ich möchte nur ein kleines bisschen für mich sein, ein wenig Ruhe finden.

Ab und zu der schlechten Stimmung entfliehen und mal richtig Party machen.

Meist sage ich kurz vorher ab:

- keine Lust
- zu schlapp
- zu müde

Die Harten fallen zuletzt

... und dann besonders tief.

Du hast doch immer alles geschafft. Auch dieses Mal wirst Du es wieder schaffen.

Das sprichst Du Dir wie ein Mantra jeden Tag vor. Glaubst Du das wirklich noch?

- o Nur heute läuft es nicht so gut
- o Morgen wird alles viel besser
- o Ganz bestimmt

Es wird aber nicht besser, es wird immer schlimmer.
Die Kollegen helfen immer seltener, meckern stattdessen immer häufiger.

Jeder blockt und schaut, dass er selbst überlebt. Wer sich nicht verantwortlich fühlt, schaltet 3 Gänge runter:
„Komme ich heute nicht, komme ich – vielleicht – morgen."

Du fühlst Dich verantwortlich. Deshalb gleichst Du das „mal eben" aus … und regst Dich innerlich immer mehr auf.

- ▪ Wie können die anderen sich nur so gehen lassen?
- ▪ Warum bleibt immer alles bei mir hängen?

Der Krankenstand ist inzwischen derart angestiegen, dass auch das Tagesgeschäft nicht mehr abzuarbeiten ist. Jetzt spitzt sich die Lage noch mehr zu.

Du kannst gar nicht mehr richtig denken. Dir unterlaufen immer mehr Fehler. Mehr Fehler - mehr Ärger. Mehr Ärger - mehr Stress.

Und dann:

Kippst Du einfach um

Stell Dich nicht so an

Wie oft hast Du diesen Satz schon gehört?

Wie oft hast Du ihn Dir selbst vorgesagt?

Wie oft hast Du zu den anderen geschielt? Denen scheint es besser zu gehen. Die können das scheinbar ab.

Am Anfang fragst Du noch vorsichtig nach. Es tut gut, zu hören, dass es Deinen Kollegen auch nicht so gut geht.

Geteiltes Leid ist halbes Leid ... es bleibt leider immer noch Leid.

Zu viel Leid.

Gemeinsam werden wir krank

Leiden senkt die Abwehrkräfte, die eh schon auf einem niedrigen Level waren. Egal, ob Du es Sommergrippe, Regengrippe, Herbsthusten oder wie auch immer nennst - Du bist ständig krank.

Nicht nur Du. Es ist normal geworden, dass mindestens einer aus der Abteilung fehlt. So normal, dass Du Dir kaum noch vorstellen kannst, dass alle da sind. Ganz dumpf ist da die Erinnerung an bessere Zeiten. An Zeiten, in denen ihr Euch noch fröhlich unterhalten habt, Euch geholfen habt, von Euren tollen Unternehmungen berichtet habt, zusammen nach der Arbeit in eine Kneipe gegangen seid – oder im Sommer in einen Biergarten.

Lustig ist das gewesen. So locker und leicht.

Du fragst Dich insgeheim: „Wann war ich eigentlich das letzte Mal so richtig entspannt und glücklich?"

Alle machen mit

Es wäre auffällig, wenn nur Du ständig krank wärest. Es ist normal, weil es den anderen auch nicht besser geht.

Kaum ist einer halb genesen wieder zurückgekommen, nutzt der Nächste unbewusst die Chance und gibt den Widerstand gegen die Erschöpfung auf.

Abends die Tagesaufgabe erfüllt zu haben ... praktisch unmöglich.

Mit einem guten Gefühl zufrieden nach Hause gehen? Wie soll das denn gehen?

Du hast alles ausprobiert, die neuen Aufgaben kommen schneller als Du die Alten abarbeiten kannst.

Der Berg an Arbeit wird täglich höher. Hast Du am Anfang noch alles gegeben, um Seiner Herr zu werden, so hast Du jetzt eingesehen - es ist nicht zu schaffen.

Trotzdem bleibst Du länger als die normale Arbeitszeit. Du kannst doch nicht einfach aufgeben. Die anderen sind ja auch noch da. Es fällt auf, wenn nur Du pünktlich den Saal verlässt.

Das geht nur, wenn Du einen Arzttermin hast ...

Wer ist das schwächste Glied?

Alle Systeme haben eine Sollbruchstelle. Eine Stelle, die bei übermäßigem Druck als Erste nachgibt. Das ist sinnvoll, weil dann klar ist, wo es bricht und die Folgen vorhersehbar und kalkulierbar sind.

Wer ist in Deiner Abteilung die Sollbruchstelle?

Kümmert es überhaupt irgend jemanden?

Reagiert jemand, wenn das schwächste Glied zusammenbricht?

Ist da jemand der die Bedeutung erkennt und schnellstens Gegenmaßnahmen einleitet, um das restliche Team zu retten?

Ist das Team überhaupt noch zu retten?

Wie lange hältst Du es noch aus?

Immer wieder aufstehen ... immer wieder sagen, es geht doch.

Schön gesagt.

Du bist inzwischen so oft aufgestanden, dass Deine Knie inzwischen schmerzen vom Hinfallen. Dein Rücken weigert sich schon lange, Dich zu unterstützen. Die Schmerzen machen den Tag nur noch schwerer. Du wirst mürbe.

Massagen am Wochenende. Ausflüge, um auf andere Gedanken zu kommen.

Deine Gedanken drehen sich trotzdem immer nur um ein Thema. Die Arbeit ist Dein einziger Fokus.

Kein schöner Anblick.

Wie schlimm ist es schon?

Lass uns mal einen kleinen Check machen! Spüre ich da Widerstände? Es ist für Dich!

Ja, es hat Konsequenzen, sich anzusehen, was da ist und wie schlimm es ist. Wenn Du Dich weigerst es anzusehen, wird es so groß werden, dass Du Dich nicht mehr weigern kannst, weil es Dich förmlich anspringt. Dann wird es aber schon zu schlimm sein ... zu schlimm, um aus der Nummer entspannt raus zu kommen. Alles klar? Also mach die Augen auf und schau hin!!!

Wo und wie lange hast Du inzwischen Beschwerden?

☐	Kopfschmerzen	_____ h/ Tag
☐	Übelkeit	_____ h/ Tag
☐	Magenschmerzen	_____ h/ Tag
☐	Herzrasen	_____ h/ Tag
☐	Tiefe Müdigkeit	_____ h/ Tag
☐	Verspannungen	_____ h/ Tag
☐	Sonstiges noch schlimmeres	_____ h/ Tag

Sei ehrlich zu Dir selbst. Ob Du es glaubst oder nicht, aber: „Es ist für DICH!"

Was sagen Deine Freunde?

- ☐ Du bist ja schon wieder krank.
- ☐ Von Dir hört man ja gar nichts mehr.
- ☐ Du kommst ja eh nicht mit, warum soll ich Dich noch fragen?
- ☐ Dir wird klar: „Meine Freunde höre und sehe ich nicht mehr."

Warum lässt Du das zu?

Du hast die Ergebnisse nun eingetragen. Was löst es in Dir aus?
Erleichterung, weil es noch ganz gut für Dich aussieht? Oder blankes Entsetzen, weil Du scheibchenweise auf dem Weg in die soziale Isolation bist und die Krankheit Dein einziger Begleiter ist?

Wie auch immer Dein ganz persönliches Ergebnis aussieht - es ist nie zu spät, um die unguten Strukturen zu durchbrechen und auszusteigen.
Für Dich, für Deine Familie für Deine Freunde ... Für Dein weiteres Leben.

„Ach Quatsch, so schlimm ist es doch nun auch wieder nicht" denkst Du jetzt vielleicht.
OK. Wie schlimm muss es werden, damit Du Dich wehrst? Was muss noch passieren? Wie krank möchtest Du sein? Glaubst Du ernsthaft, dass es ohne eine Veränderung in Dir einfach so wieder gut wird?

Sei der Samen!

Wer sät, der erntet. Im Umkehrschluss: wer nicht sät, der erntet ... nichts!
Warum wartest Du auf die anderen? Es geht um Dein Leben. Diese Entscheidung kann Dir keiner abnehmen. Du trägst die volle Verantwortung. Möchtest Du Deine Energie nicht zurückbekommen? Ist es Dir inzwischen egal, dass Du Deine Freunde kaum noch siehst? Redest Du Dir etwa ein, dass ihr eh nicht mehr zusammenpasst, weil DIE eh nicht verstehen, wie es Dir geht und wie schlimm bei Dir alles ist?

Stell Dich doch bitte einmal in deren Schuhe – im Geiste:

- Hättest Du wirklich Freude daran, immer nur schreckliche Geschichten aus dem Büro zu hören?
- Würde es Dich nicht auch nerven, wenn Deine Ratschläge einfach ausgeschlagen werden?
- Meinst Du nicht, dass Du Dich lieber mit Menschen triffst, die fröhlich sind und mit denen Du Spaß haben kannst?

Warum beharrst Du so auf Deinem Leid? Fühlt es sich so schön an oder ist die Angst, damit zu beginnen, etwas zu ändern, einfach zu groß?

Bist Du Dir sicher, dass die anderen Kollegen sich von Dir abwenden?

Hast Du schon einmal darüber nachgedacht, dass sie Dir vielleicht dankbar sein könnten, weil sie in dem gleichen Konflikt gefangen sind und sich auch nicht trauen, endlich etwas zu ändern?

Wenn Du die Wahl hättest - in welcher Stimmung und mit welchen Menschen möchtest Du zusammenarbeiten?

Vielleicht doch lieber mit fröhlichen, entspannten, hilfsbereiten Menschen, mit denen Du Dich austauschen kannst, gemeinsam Lösungen erarbeitest und Dich als Teil eines Teams fühlst?

Einer muss anfangen, warum nicht Du?

Wage es, auf Deine innere Stimme zu hören

In Dir hörst Du die Stimme doch bestimmt schon länger. Du hast sie meist weggedrückt und ignoriert. Warum?

Weil es Konsequenzen für Dich hätte, vor denen Du Angst hast? Weil es dann echt unangenehm für Dich werden könnte?

Na, dann kann es gerade wirklich noch nicht so schlimm sein. Warum hast Du dann bereits bis hier dieses Buch gelesen?

Sei versichert, Deine innere Stimme meint es gut mit Dir, sehr gut sogar. Sie sagt Dir, was auch Dir schon lange klar geworden ist: es muss sich etwas ändern.

Du denkst, dass die anderen sich ändern müssen und sie tun es einfach nicht, obwohl es so offensichtlich ist.

Warum schiebst Du es immer auf die anderen? Wer hat denn am meisten Interesse daran, dass es Dir gut geht? Du selbst - oder nicht?

Tu Dir einen Gefallen und gebe Deiner inneren Stimme mehr Raum. Nimm Dir Zeit und höre ihr zu.

Wenn Du die richtigen Fragen stellst, wird sie Dir sagen können, was Dein nächster Schritt ist, um die Situation zu verbessern.

Einer muss den ersten Schritt machen

Da sind wir uns wahrscheinlich einig. Einer, aber doch nicht Du!

Warum eigentlich nicht? Überlege doch mal: wenn Du zum Beispiel derjenige oder diejenige bist, der denjenigen anschubst, der den ersten Schritt machen soll. Deiner Meinung nach ... Seiner Meinung nach leider nicht. Da seid ihr euch irgendwie ähnlich.

Egal. Stell Dir einfach vor, wie Du an ihm rumdrückst und zerrst und wie er sich wehrt. Immer mehr, immer stärker. Er weigert sich. Du wirst wütend. Er weigert sich noch mehr. Du kannst seinen Anblick nicht mehr ertragen. Du gehst einen anderen Weg, wenn er Dir entgegenkommt.

Du bist schon gestresst, wenn er nur in der Ferne auftaucht.

Spürst Du, wie Deine eigene Energie nun komplett aus dem Tritt kommt? Die war eh nicht mehr besonders hoch und jetzt bist Du auch noch sauer.

Dir ist schon klar, dass man immer nur eines zur Zeit sein kann. Das bedeutet für Dich: wenn Du sauer bist, kannst Du unmöglich gleichzeitig glücklich und fröhlich sein. Übrigens: Entspannt auch nicht.

Also: wohin bringt Dich Dein Verhalten? Du bist nicht nur erschöpft und überfordert, jetzt bist Du auch noch richtig schlecht gelaunt und Du hast Dir ein Feindbild erschaffen. Halleluja! Da macht es doch gleich noch viel mehr

Spaß morgens arbeiten zu gehen.

Einer geht noch

Da ich gerade anfange, Spaß zu haben … lege ich noch einen drauf.

Gehen wir mal davon aus, dass Du lieber ein Feindbild hast, dass Du es toll findest, allen von Deinem miesen Job zu erzählen. Dem Job, der Dich so herrlich unglücklich macht. Da passt der doofe Kollege natürlich prima ins Bild. Schuld ist *DER* natürlich: denn *DER* weigert sich beharrlich, sich um *DEINE* Interessen zu kümmern. *DER* ist natürlich nur deshalb so unfreundlich zu Dir, weil er sich nicht eingestehen will, dass es seine Aufgabe ist und Du es bist, die ihm ja nur dabei helfen will, klar zu sehen und er es einfach nicht versteht. Der Idiot.

Ist Dir klar, dass ein gemeinsamer Feind der größte Zusammenhalt für eine Gruppe ist? Viel größer als ein gemeinsam zu erreichendes Ziel?

Du hast also jetzt die Chance, Deinen Kollegen etwas sehr Wertvolles zu geben: einen echten Feind!

Endlich habt ihr ein anderes Gesprächsthema! Lästern ist wunderbar und schweißt enorm zusammen. Da man es meist nicht in der Öffentlichkeit tut, entstehen fantastische Nebeneffekte:

> - Du hast endlich einen guten Grund, Deinen ungeliebten Arbeitsplatz zu verlassen, um Dich mit Deinen (netten) Kollegen an einem dezenten Ort auszutauschen.
> - Ihr redet endlich wieder ausgiebig miteinander.
> - Der Spaßfaktor wächst. Der blöde, sich weigernde Kollege ist aber auch zu drollig, wenn er mit solch einem verkniffenen Gesicht durch die Abteilung schleicht.
> - habt Ihr natürlich immer schon gewusst, dass er es nicht drauf hat.
> - Endlich outet er sich ganz. Na, bald fährt er sich bestimmt voll vor

die Wand.

> Mit dem Fokus auf den Kollegen geht es Dir selbst gleich viel besser. Die Arbeit schaffst Du eh schon lange nicht mehr, also kommt es auf die paar Minuten weniger jetzt auch nicht an. Außerdem hast Du mit Deinen Kollegen ja jetzt eine ganz andere Gesprächsbasis. Deshalb haben sie Dir unter dem Siegel der Verschwiegenheit erzählt, dass es ihnen genauso geht wie Dir. Ja dann ist es doch eigentlich gar nicht mehr so schlimm. Woanders ist auch Scheiße, ist euch allen klar. Also gibt es keinen Grund, dort mal nachzusehen.

Fazit

Du bist fürs Erste gerettet. Yeah. Kein Grund mehr, sich aufzulehnen. Dann wäre die gute Stimmung ja gleich wieder weg. Und außerdem ist doch alles super!

Der Idiot ist benannt, ihr versteht Euch alle wieder und die Arbeit ist Euch mal grad egal. Sollen die doch sehen, wie sie klarkommen. Es lebe die Verweigerung!

Hast Du unbewusste Schutzpolster angelegt?

Die Stimmung in der Abteilung ist jetzt wieder so herzlich und die Arbeit so blöd, dass ihr es euch so richtig gemütlich macht.

Gummibärchen dort, leckere selbst gebackene Kekse hier, vielleicht fürs gute Gewissen ein paar Obststücke und auf jeden Fall ganz viel Schokolade. So kann man es aushalten.

Die Hose kneift

Der liebevolle Genuss hat natürlich Folgen. Es funktioniert anfangs fantastisch. An den Gabentellern kann man sich herrlich begegnen, sich kurz austauschen und hält dann wieder eine weitere Stunde mit der ungeliebten Arbeit aus.

Schokolade macht glücklich und die Welt sieht wieder viel rosiger aus.

Nach einigen Tagen oder Wochen taucht allerdings ein kleines weiteres Problem auf: der Umfang Deines Körpers vergrößert sich. Das war natürlich nicht der Plan.

Es wird langsam ungemütlich in der eigenen Kleidung, denn für diese gemütlichen Polster war sie beim Kauf leider nicht ausgelegt. Wozu auch? Immerhin hast Du nun ein neues Thema: Diäten. Leider hast Du jetzt ein weiteres Problem.

Erster Versuch abzunehmen

Nun, die gute Nachricht: Du bist nicht alleine. Deine Kollegen fangen mit Sicherheit auch gerade an zu stöhnen. Schließlich habt ihr Euch ja immer wieder am Teller getroffen. Da die anderen ebenso gestresst sind wie Du, auch wenn die Arbeit nicht mehr so ganz im Vordergrund steht, haben die sich ebenso getröstet. Mit wahrscheinlich ähnlichen Folgen. Da kommt Euch die geniale Idee, einfach gemeinsam abzunehmen. Die entsprechende Diät ist schnell herausgesucht und festgelegt ... und los geht's!

Rückfall

Leider hattest Du übersehen, dass eine Diät Verzicht bedeutet. Irgendwie auch Druck. Kontrollmaßnahmen sind notwendig. Da ihr alle in diesem Thema unterwegs seid, habt ihr Euch ohne groß darüber nachzudenken in eine Konkurrenzsituation gebracht. Wer hält länger durch? Wer nimmt mehr ab? Wer betont ganz lässig, dass es ihm ja so leicht fällt (und haut sich abends auf dem Sofa, Eurem Blickwinkel entrückt die entsprechenden Trösterchen rein).

Die schöne kuschelige Gruppe an Arbeitskollegen mit dem zusammenschweißenden gemeinsamen Feind spaltet sich: in die Erfolgreichen und die Looser, die dem Gabentisch dann doch nicht wieder stehen können.

Gehen wir jetzt einfach mal davon aus – ohne Dir zu nahe treten zu wollen – dass Du leider bei den Loosern bist.

Warum ist der Teller so schnell leer?

Irgendwann sagst Du Dir, dass es jetzt irgendwie auch schon egal ist. Es ist eben genau jetzt kein günstiger Moment für eine Diät. Schlank sein ist eh völlig überbewertet. Dein Mann steht sowieso eher auf Rundungen und Gemütlichkeit und die Dünnen sind immer so schlecht gelaunt und gestresst und überhaupt ...

Der Teller mit den Trösterchen hat Geschwister bekommen. Eins der Geschwisterchen steht jetzt bequem direkt neben Deinem Arbeitsplatz.

Super, so brauchst Du die eh stressige Arbeit gar nicht mehr groß zu unterbrechen. Einfach kurz blind nach links greifen und schon explodiert in Deinem Mund das Feuerwerk des Genusses.

Knabbereien am Abend

Tagsüber hast Du bemerkt, dass es Dir mit all den leckeren Dingen bereits viel besser geht. Hosen gibt es auch in größeren Größen. Also alles easy.

Da bei all dem Stress auf der Arbeit, das Sofa Dein bester Freund geworden ist (bloß nicht noch mehr Anstrengungen!) und Du Dir ja mal irgendwann so richtig etwas gönnen musst, hast Du Dir für daheim ein hübsches Schälchen mit allem, was Dein Herz erfreut, bereitgestellt.

Dein Leben nimmt Gestalt an. So lässt es sich aushalten. Die Arbeit interessiert kaum noch - ist eh doof und lässt sich nicht ändern.

Innere Langeweile

Es wäre alles so schön...wenn da nicht diese innere Leere aufploppen würde. Am Anfang sind die gemütlichen Abende auf dem Sofa ja noch sehr schön und wohltuend. Nach etlichen Tagen auf immer demselben Sofa wird es aber langsam etwas fad.

Dir wird schmerzlich bewusst, dass sich eigentlich im Kern nichts geändert hat: Aufstehen, arbeiten, auf dem Sofa liegen, ins Bett gehen und dann alles wieder von vorne.

Eine nicht mehr vergehende Langeweile flutet durch Deinen nun gut gepolsterten Körper. Die Resignation schleicht sich auch schon wieder heran: keine Hilfe und kein Entkommen in Sicht.

Fremd im eigenen Körper

Mit stetig wachsenden Sicherheitsringen im mittleren Bauchbereich wächst auch das Unwohlsein. Fremd im eigenen Körper. Optimistische Anwandlungen, mal wieder das schöne Kleid vom letzten Jahr anzuziehen, enden in tiefem Frust und unendlicher Scham. Da geht gar nichts! Keine Chance, das gute Stück über den Körper zu ziehen, ohne dass die Nähte platzen.

Zu unbefriedigender, nie fertig zu stellender Arbeit, einem immer langsamer agierenden Körper und dem stetig wachsenden Unwohlsein, gesellt sich jetzt auch noch der Neid ...

Warum nehmen die anderen eigentlich nicht zu? Wieso schaffen die so viel mehr als ich? Warum hat die Kollegin jetzt auch noch einen neuen attraktiven Freund?

Was kann ich jetzt eigentlich noch anziehen?

Attraktiv fühlst Du Dich schon lange nicht mehr. Glücklich sein ist auch nur noch eine schwache Erinnerung am Horizont. Ja, da war mal was. Das ist aber schon verdammt lange her.

Die Spirale dreht sich. Nichts anzuziehen. Sich immer irgendwie ungut fühlen. Neid auf die Kollegen. Feindschaft mit dem immer noch nicht in die Puschen gekommenen Retter Deiner Arbeitswelt, nervige Leute morgens in der Bahn, Diskussionen an der Kasse, stetig schrumpfende Barschaft (Du weißt schon, die neue Kleidung kostet natürlich nicht zu knapp ... von den Trösterchen mal ganz abgesehen) Die Probleme haben Dich fest im Griff.

Zusätzlicher Druck

Unzufriedenheit. Gereiztheit. Streit. Stress. Mangelnde Konzentrationsfähigkeit (schließlich beschäftigt sich Dein Gehirn mehr mit dem Ärger über den feindlichen Kollegen, der nächsten Diät, dem komischen Kommentar der zickigen Kollegin als mit Deiner Arbeit).

Als wäre das alles nicht genug, gibt es jetzt mal so richtig Ärger: Anschiss vom Chef, endlose nervige Diskussionen mit unzufriedenen Kunden, Arbeit, die nie fertig wird, Stapel von Mails und Akten.

Mittendrin DU, die einfach nur schreiend wegrennen möchte.

Diäten

Als es nicht mehr auszuhalten ist, raffst Du Dich erneut auf. Diät Nummer ... Du kannst Dich schon nicht mehr erinnern.

Ja, Du bist unwesentlich gestresster. Ja, es ist eine Qual. Aber: Du hast eine Vision, ein Ziel. Du wirst es schaffen und Du wirst es Dir beweisen.

Das klappt auch ganz gut, denn: Du hast einen neuen Zeitvertreib gefunden, der Deine Diät unterstützt: den Sport.

Sport

Abends nach der Arbeit noch schnell ins Fitness-Studio hüpfen. Da sind ja noch mehr Leidende. Die Sache fängt wieder an, Spaß zu machen.

Du bist nicht mehr allein! Hurra! Es ist wieder spannend! Super! Du hast es endlich geschafft, Dein Leben in die richtige Bahn zu lenken.

Ja, es ist ein wenig lästig, dass da in Dir diese Stimme ist, die Dich daran erinnert, dass Du zwar die Symptome bekämpft, aber der eigentlichen Ursache nach wie vor aus dem Weg gehst.

Die kannst Du jedoch ganz entspannt unter Kontrolle behalten … genauso wie all die anderen unerfreulichen Dinge in Deinem Leben.

Mäßige Resultate

Der tägliche Blick auf die Anzeige der Waage, der Check im Spiegel bringen nur bedingt Freude in Dein Leben. Jetzt strengst Du Dich so stark an, doch diese dämliche Waage bewegt sich nur sehr zögerlich abwärts.

Kaum hast Du nur ein kleines winziges Mal über die Stränge geschlagen, rast der Zeiger schon wieder nach oben. Das kann doch wohl nicht wahr sein!

Die Unzufriedenheit wächst

So langsam reicht es Dir. Stress, Stress, Druck und noch mal Stress. Soll das jetzt Dein Leben sein? Ist das wirklich alles gewesen? Jeden Tag derselbe

Ablauf. Kaum mal ein Highlight. Gepflegte Langeweile. Mangels Freunden sind die Wochenenden auch nicht mehr besonders ablenkend. Keiner hilft Dir, niemand mag mehr Deine schlechte Stimmung ertragen.

Es ist kaum noch auszuhalten

Du fängst an zu verzweifeln. Du schottest Dich erneut ab. Da auch die Ablenkungen gescheitert sind und sich die Lage eher deutlich verschlechtert hat, kommt Resignation zweiter Teil.

Auf die Idee, wirklich etwas zu ändern, kommst Du nicht.

Der Gedanke, Dich jetzt auch noch dem Stress auszusetzen, eine neue Arbeitsstelle zu suchen, ist unerträglich. Außerdem: ist ja sowieso überall dasselbe. Wozu sich also die Mühe machen.

Die anderen halten es doch auch aus. Ist eben so. Wird schon werden.

Nur ganz leise spricht diese Stimme zu Dir, die Dir sagt, dass Du Dir das schon einmal eingeredet hast.

Selbsterkenntnis

Du hast es lange verleugnet, Du hast Dich lange geweigert, es zu sehen. Nach all der Zeit gibt es nun nichts mehr zu verstecken. Die Wahrheit liegt klar vor Dir:

Etwas läuft hier total schief

Diese Gewissheit wird immer klarer. Du kannst ihr nicht mehr entgehen. Es läuft schief, ziemlich schief. Unaufhaltsam schief.

Zeit, den Dingen wirklich und endgültig in die Augen zu sehen. Mach Dir eine Liste und schreib alles auf, was Dich schon seit ewigen Zeiten bedrückt. Geh zurück an den Anfang. Vergiss Diäten, angeblich blöde Kollegen, vergiss Trösterchenteller und vor allem: vergiss den Gedanken, dass alles schon einfach wieder so wird, ... wird es nicht!

So geht es nicht weiter

Das wird Dir spätestens klar, wenn Du all die Punkte auf Deiner Liste betrachtest. Genau. So geht es wirklich nicht weiter.

Deine Liste ist ziemlich lang. Dein Leidensdruck inzwischen ziemlich groß.

Wo anfangen, was tun?

Bin ich nicht schon Jahre hier?

Ja, das sieht so aus. Was hast Du all die Jahre getan? Bist Du auch nur einen Schritt weitergekommen? Zufriedener geworden? Hast Du das Gefühl, dass Deine Arbeit Dich befriedigt, Dir Freude schenkt?

Wie sieht Deine Entwicklungskurve aus? Wo sind die neuen Möglichkeiten, die man Dir nach einiger Zeit versprochen hat? Wo ist all die Energie, mit der Du Deinen Job vor einigen Jahren angefangen hast? Was hast Du verwirklichen können?

Es ist alles nur immer schlimmer geworden

Das wird Dir jetzt klar. Es wird auch nicht besser werden ... wenn Du nicht etwas änderst. Du bemerkst, dass Du Dich genauso geduckt hast, wie in Deiner Familie, wie in der Kita und in der Schule.

Deine eigenen Bedürfnisse zu verstecken hast Du so verinnerlicht, dass es Dir schon gar nicht mehr bewusst ist.

Wenn DU sie schon nicht ernst nimmst, warum sollten andere sie dann ernst nehmen?

Wenn DU Deine eigenen Bedürfnisse gar nicht kennst, warum sollten andere sie erkennen...und sie auch noch erfüllen?

DU erfüllst sie doch selbst nicht. DU bist der Mensch, der sich um Dich kümmern muss, denn DU kennst Dich am besten. Okay, DU solltest Dich am besten kennen.

Wer bist DU denn wirklich?

Das Leben macht keinen Spaß mehr

Plötzlich dreht sich alles um Dich. Wo ist der Anfang, wo das Ende des Knotens in Dir? Was soll das alles? Kann nicht einfach ein Wunder geschehen und alles ist wieder in Ordnung?

Nein, es wird leider nicht geschehen. Nicht einfach so. Du musst etwas dafür tun. Viele kleine Dinge tun, um Deinem Leben eine andere Richtung zu geben.

Du musst lästige, unangenehme Dinge tun. Dir Bereiche in Deinem Leben ansehen, die Du lange nicht sehen wolltest.

Es wird anstrengend werden, schwierig. Du wirst Dich wahrscheinlich verloren fühlen, einsam und allein. Du hast die Wahl!

Soll das alles gewesen sein?

Du bist noch nicht so weit. Es muss einfach einen anderen Weg geben, einen leichten Weg. Das kann doch noch nicht alles sein. Du hattest doch ganz andere Ziele, ganz andere Wünsche, ganz andere Träume.

Wo sind sie hin? Ist es noch möglich, sie zu erfüllen?

Du drehst Dich im Kreis. Liegst nachts wach, Du findest einfach keine Lösung, keinen Ausweg. Es gibt gute Tage, an denen Du alles vergessen kannst und wieder einfach vor Dich hin lebst und dann die Tage, die sich ziehen wie Kaugummi, an denen nichts läuft, sich alles schwer anfühlt, die nie zu Ende gehen.

Du wünschst Dir, dass die Woche bald vorbei ist, dass das Wochenende nie enden wird. Du wünschst Dir, dass bald Urlaub ist, dass bald Weihnachten ist... Du wünschst Dir alles, Hauptsache Du kommst von dieser Arbeit weg.

Die Gereiztheit nimmt zu

Du pendelst zwischen Verleugnung und Distanz. Du willst es nicht sehen und siehst es doch ... glasklar. Du fühlst Dich wie ein Tiger im Käfig. Du läufst auf und ab, ab und auf, hin und her. Deine Laune ist im Keller, jede Kleinigkeit lässt Dich in das Tal der Verzweiflung abgleiten, Du bist nur noch gereizt und schlecht gelaunt.

Das macht den Kontakt und das Miteinander mit den Kollegen nicht einfacher. Da die anderen auch nur überleben, bricht das nette Miteinander wieder ein. Der Frust überwiegt. Stille überzieht den Raum, jeder ist bei sich, seinen Gedanken. Versucht, sich irgendwie zu retten indem er sich an einen anderen Ort träumt.

Die Erkenntnis kommt

Irgendwann wird Dir wirklich bis in die tiefste Faser Deines Körpers klar, dass es ganz alleine an Dir liegt. Du bist der Angelpunkt, das Zentrum, um das sich alles dreht. Du alleine bestimmst, wie viel Du zulässt, wie sehr Du Dich deckeln lässt, wie viel Du mitmachst.

Diese Firma, in der Du arbeitest, ist gar kein neutraler Ort, kein seelenloses Konstrukt. Diese Firma ist ein Ort, an dem Menschen zusammen (oder auch nicht) arbeiten.

Es gibt Menschen, die entscheiden und Menschen, die auf Anweisung abarbeiten.
Es sind immer Menschen. Mit Gefühlen, mit einer Geschichte, mit guten und mit schlechten Tagen...genau wie Du.

Alles nur Theorie

Klingt ja ganz nett, denkst Du jetzt vielleicht. Warum fühle ich mich dann so ohnmächtig und ausgeliefert? Die Regeln bestimmen doch die anderen und nicht ich. Ich bin eine Marionette, ausgeliefert, machtlos.
Nein, Du bist nicht machtlos. Du hast zumindest die Macht, zu bleiben oder zu gehen ... Ja, es gibt andere Firmen, andere Zustände, bessere Tage.
Du traust Dich nicht? Du glaubst nicht mehr an etwas anderes?
Warum denn nicht?

Wo sind die positiven Beispiele?

Ja, wo sind sie?
Zum Beispiel bei einer der bekanntesten Bewertungsplattformen für Arbeitnehmer und letztlich auch Arbeitgebern: „Kununu".
Bei meinen Recherchen nach Arbeitgebern, die sich wirklich um ihre Mitarbeiter kümmern, kam mir aufgrund eines begeisterten Berichtes eines Angestellten, die Idee, einfach mal auf der Hauptbewertungsplattform zu schauen, was Mitarbeiter dort so schreiben.
Angefangen habe ich mit den Unternehmen, bei denen oder für die ich lange Zeit gearbeitet habe. Dort kann ich beurteilen, ob es stimmt, was dort steht. Möglicherweise weiß ich sogar, wer den Bericht geschrieben hat ... auch wenn er oder sie seinen bzw. ihren Namen nicht nennt.

Diese Firmen hatten meist eine mittlere Bewertung: Chefs fanden alles super, Mitarbeiter vieles doof...

Die richtig gut bewerteten Firmen dagegen haben Chefs, die mit ihren Mitarbeitern kommunizieren und sich austauschen. Resultat: die überwiegende Mehrheit aller Beschäftigten findet die eigene Firma richtig gut.

Gibt es hier irgendwo den Ausgang?

Ja, den gibt es! Natürlich gibt es den. Es mag nur sein, dass er für jeden etwas anders aussieht.

Eines sollte man sich definitiv klar machen: der Apfel fällt nicht weit vom Stamm.

Das bedeutet: wie die Geschäftsführung, so die Firma.

Wie die Eltern und das Umfeld, so normalerweise auch die Kinder. Ausnahmen bestätigen - wie immer - die Regel.

Die Klassenlehrerin meines Sohnes hat mir an einem der zahlreichen Elternsprechtage einen sehr aufschlussreichen Satz gesagt, den man durchaus auf Firmen übertragen kann:

„Wissen Sie", sagte sie: „Ich habe Jahrzehnte die Eltern kontaktiert, wenn die Kinder sich hier nicht benehmen konnten, aufsässig waren, unverschämt und ignorant. Dann habe ich festgestellt, dass die Eltern dieser Kinder noch viel unverschämter und ignoranter waren und ich denen erst recht nicht klar machen konnte, dass es so nicht geht. Ich habe irgendwann beschlossen, mir das nicht mehr anzutun, weil ich gegen Windmühlen kämpfe. Wie soll ich alleine in den wenigen Stunden einem Kind, das Jahre seines Lebens gelernt hat, sich so zu verhalten, weil sein Umfeld sich so verhält, klar machen, dass das jetzt nicht mehr angesagt ist. Überlegen sie mal, welche Folgen das für das Kind in seinem elterlichen und familiären Umfeld hätte:

58

Es stünde wahrscheinlich ganz alleine da."

Und dann...

Was dann?

Nun, die erste Erkenntnis ist folgerichtig die, sich die Geschäftsleitung einmal genauer anzusehen. Bekommt sie überhaupt mit, wie es in den Abteilungen aussieht? Oder hat sie nur eine Vision, wie es dort aussieht? Nun, auf jeden Fall wird sie Zahlen haben. Diese geben oft ein ganz anderes Bild ab, als die Menschen, die dort arbeiten. Zahlen können dem einen dienen und den anderen völlig falsch darstellen. Vor allem, wenn man keinen wirklichen Einfluss auf das Zustandekommen dieser Werte hat.

Vergiss nie, dass die Geschäftsleitung Mitarbeiter nur selten so erlebt, wie Mitarbeiter sich gegenseitig erleben, wenn die Geschäftsführung abwesend ist.

Ich erzähle Dir eine Anekdote aus meinem Leben in Firmen als Beispiel.
Ich hatte eine sehr unterhaltsame Kollegin „hinter der Wand".
Was das bedeutet? Nun, wir saßen alle in einem Großraumbüro mit einem endlos langen Gang. An diesen Gang dockten viele kleinere Arbeitseinheiten an. Meist standen sich die Tische gegenüber. Zwischen zwei Tischgruppen gab es immer eine halbhohe (ca. 1,50 m) Schrankwand. Diese diente zum einen als Aufbewahrungsort für die anfallenden und benötigten Akten. Aber auch als akustische Abschirmung.
Nun, das was zwar nur bedingt erfolgreich, denn der Schall, der beim Sprechen entsteht, wird über die Tischplatte und die Monitore gegen die Decke reflektiert und von dort aus weiter in den Raum hinein. So eine niedrige Wand überspringt der Schall locker.
Das hat zur Folge, dass man sich prima unterhalten kann, wenn jeder gegen seinen Monitor spricht. Wenn man sich jedoch umdreht und gegen die

Wand spricht, wird der Schall größtenteils absorbiert (geschluckt) und derjenige auf der anderen Seite kann kaum etwas verstehen. Ein durchaus gewollter Effekt (von der Firmenleitung), zur lustigen Unterhaltung zwischen Kollegen aber völlig ungeeignet.

Nun, aus diesem Grunde – und weil sie sich ebenfalls oft unterfordert fühlte, sich langweilte und sich einfach mal bewegen wollte … ist sie auf ihrem Bürostuhl zur Freude aller Anwesenden rückwärts durch den halben Gang gerudert.
Endlich konnte man sich mal sehen, konnte lachen und sich sogar problemlos unterhalten. Eine wahre Wonne.

Natürlich hat sie das nie gemacht, wenn unsere Abteilungsleiterin anwesend war.
Das führte dazu, dass die Frau, die (in unserer Wahrnehmung) diejenige war, die häufig auf ihrem Bürostuhl durch den Gang ruderte und uns zum Lachen brachte, für unsere Abteilungsleiterin (in ihrer Wahrnehmung) eine eher aufsässige, unterforderte Mitarbeiterin war.

Fazit:
Als Chef entgehen einem viele alltägliche Dinge. Wenn da wenig Vertrauen der Mitarbeiter zu den Chefs ist und es nur kurze förmliche Gespräche zwischen beiden gibt, kann sehr schnell ein völlig falsches Bild voneinander entstehen.

Gib es zu

Irgendwann kommt die Zeit, in der es einfach nicht mehr zu verdrängen und auch nicht mehr zu verleugnen ist:

Es ist nicht mehr auszuhalten.

Auch rudernde Mitarbeiter und Kollegen können das eigene Drama nicht mehr aus dem Sumpf holen.

Das sind nette Abwechslungen, mehr nicht.

Machen wir doch noch einmal einen kleinen Check:

Wie viel Zeit hast Du mit schönen Dingen verbracht?

☐	Gespräche mit Kollegen	_____h/ Tag
☐	Laut gelacht	_____h/ Tag
☐	Erfolgreiche Kundentelefonate	_____h/ Tag
☐	Abteilungsübergreifende Zusammenarbeit	_____h/ Tag
☐	Aufgaben abgeschlossen, die Dich stolz machen	_____h/ Tag
☐	Etwas interessantes Neues gelernt	_____h/ Tag
☐	Richtig Spaß an Deiner Arbeit gehabt	_____h/ Tag
☐	Dich beruflich weiterentwickelt	_____h/ Tag
☐	………………………………………	_____h/ Tag
☐	………………………………………	_____h/ Tag
☐	………………………………………	_____h/ Tag

Wie ist Dein Verhältnis zu Deinen Vorgesetzten?

Stimmt · nö

Kennen mich überhaupt nicht ☐ ☐ ☐ ☐ ☐

Sind eh nie da ☐ ☐ ☐ ☐ ☐

Haben keine Ahnung was bei uns ab geht ☐ ☐ ☐ ☐ ☐

Unterstützen mich mit voller Kraft ☐ ☐ ☐ ☐ ☐

Sind sehr an unserer Arbeit interessiert ☐ ☐ ☐ ☐ ☐

Wie ist die Zusammenarbeit mit anderen Abteilungen?

Stimmt · nö

Zusammenarbeit gibt es nicht ☐ ☐ ☐ ☐ ☐

Meckern nur rum ☐ ☐ ☐ ☐ ☐

Verstehen mich einfach nicht ☐ ☐ ☐ ☐ ☐

Hören nie zu ☐ ☐ ☐ ☐ ☐

Wissen alles besser ☐ ☐ ☐ ☐ ☐

Wie ist die Kommunikation mit anderen Abteilungen?

Stimmt · nö

Wilder Mailwechsel ohne Ergebnis ☐ ☐ ☐ ☐ ☐

Gehe oft vorbei oder sie kommen zu mir ☐ ☐ ☐ ☐ ☐

Telefonieren häufig ☐ ☐ ☐ ☐ ☐

Kommunikation nur über Software mit
Eingabefeldern ☐ ☐ ☐ ☐ ☐

Was sind die Dinge, die Dich am meisten nerven?

_____

Wie lauten Deine Verbesserungsvorschläge für diese Dinge?

_____

Was hat man Dir bei Deiner Einstellung zugesagt?

_____

Was davon ist eingehalten worden?

_____

Wie fühlst Du Dich dabei?

_____

Würdest Du bei dieser Firma anfangen, wenn Du wüsstest, was Du jetzt weißt?

_____

Wie sollte die Firma sein, bei der Du arbeiten möchtest?

_____

Es gibt Hilfe

Du weißt jetzt, wie es um Dich steht. Wie schlimm ist es? Was macht das mit Dir? Hast Du Dich vertan und eigentlich ist alles super? Oder ist alles bei näherer Betrachtung katastrophal?

Gefahr erkannt, Gefahr gebannt

Du siehst jetzt schon deutlich klarer. Ob Du sehen willst, was Du siehst, ist eine andere Frage.

Es ist, wie es ist. Zeit, das zu akzeptieren.

Der nächste, unendlich wichtige Schritt ist, für Dich Kriterien festzulegen. Überlege Dir genau, was Du an Deiner Arbeitsstelle unbedingt möchtest und was Du nie mehr und auf gar keinen Fall mehr möchtest.

Was Du dazu benötigst: mach Dir 2 Listen, unabhängig von dem, was Du bislang herausgefunden hast.

Bevor Du mit dem Schreiben anfängst, gehe erst einmal in Dich, such Dir ein ruhiges Plätzchen, nimm Dir Zeit.

Es ist eigentlich egal, mit welchem Part Du anfängst. Ich persönlich finde die positiven Dinge immer besser. Es kann jedoch gut sein, dass Du so im Negativ-Schema steckst, dass es wichtig ist, mit dieser Liste zu beginnen, um diese loszuwerden. Damit ist der Weg wieder frei für die Positive Seite.

Nur mische sie bitte nicht! Also nicht hin- und herspringen. Wichtig ist, dass Du entweder in der einen oder der anderen Energie bleibst. Du kannst nur schlecht gelaunt sein oder gut. Beides gleichzeitig geht nicht.

Wenn Du hin und her hüpfst, bist Du in keiner Energie wirklich tief drin und dann kommst Du nicht zu den richtigen Ergebnissen.

Du musst es spüren und wirklich tief eintauchen. Mach Dir klar, was jedes Energielevel in Dir auslöst, dann kannst Du aus voller Überzeugung entscheiden, ob Du weiterhin negative Dinge in Dein Leben lässt oder Dich auf die Positiven konzentrierst.

Die nächsten Schritte

Du hast schon eine Menge geschafft. Leg nun beide Seiten nebeneinander. Welche ist länger?

Geh eine Runde spazieren und verdaue das alles erst einmal. Lass Dein Gehirn arbeiten und die Reste einsammeln. Es ist sehr wahrscheinlich, dass Du noch etwas vergessen hast oder anders ausdrücken willst.

Wenn Du wieder zu Hause bist, lies Dir beide Listen noch einmal in Ruhe durch und ergänze bzw. korrigiere sie.

Nun, welche ist jetzt länger?

Fallen Dir inzwischen mehr positive Dinge ein, die Dir wichtig sind? Das ist prima! (Wenn nicht...lass' den Kopf nicht hängen).

Gedanken wie „Das ist ja schön und gut, aber die kriege ich ja eh nicht" werden kommen. Schreib sie am besten auf ein drittes Blatt, damit Du sie Dir später noch einmal bewusst ansehen kannst.

Das hat den Vorteil, dass Du sie erst einmal los bist. Zeit, sich zu verabschieden.

Ich finde es enorm wichtig, dass Du alles mit der Hand aufschreibst. Such Dir einen Stift, der leicht in der Hand liegt und mit dem Du gerne schreibst.

Wenn Du sonst nie von Hand schreibst, übe vorher ein wenig, damit es flüssig geht. Schreibe z. B. einen lieben Brief an jemanden, der Dir nahesteht. Du wirst erstaunt sein, wie sehr er oder sie sich freut.

Was willst Du wirklich?

Ja, Du darfst das. Es darf leicht sein, es darf Spaß machen, es darf einfach wunderbar sein.

Keine Ahnung, wer das verbrochen hat, dass Arbeit und Arbeiten fast ausschließlich mit negativen Dingen behaftet sind.

Wahrscheinlich liegt es daran, dass die meisten zur Arbeit mehr oder weniger gezwungen werden – irgendwie …

Es ist Tatsache, dass wir hier in unserem Lande (und nicht nur hier) Geld benötigen, um leben (existieren?) zu können. Erschreckend viel Geld.

Die Art, Geld zu verdienen, ist ebenso geregelt wie viele andere Dinge auch. Die Meisten gehen einem 9 to 5 Job nach. (oder länger oder zu anderen Zeiten …)

Warum eigentlich? Wer hat das festgelegt und warum?

Wir sind eigentlich auf ganz andere Dinge programmiert: auf den Sonnenstand.

Wenn es hell wird, werden wir wach. Wird es dunkel, werden wir müde. Ist das Wetter trüb und grau bleiben wir müde und möchten uns am liebsten verkriechen. Scheint die Sonne wieder, erwachen unsere Lebensgeister, wir sprühen vor Energie.

Vielen ist das gar nicht mehr bewusst. Sie haben sich perfekt in das bestehende System eingegliedert.

Als ich in einem kleinen Maklerbüro in der Düsseldorfer Altstadt gearbeitet habe, hatte ich von meinem Schreibtisch den direkten Ausblick auf eine Fußgängergasse.

Ich mag Menschen und bin sehr daran interessiert, was sie (uns) umtreibt.

Deshalb habe ich, wenn gerade keine Kunden im Laden waren, auf die Straße gesehen und beobachtet.

Es gab hektische Zeiten, in denen die meisten nur so vor sich hineilten. Zeiten, in denen ich in fröhliche Gesichter gesehen habe und ein munteres Miteinander beobachten konnte.

Was war der Auslöser und Unterschied? Schlicht und einfach das Wetter.

Kein Wunder, dass es in unseren Breitengraden so ein großes Thema ist.

Da wir unter uns Hundebesitzern eigentlich immer ein bisschen Smalltalk halten (oft auch mehr) habe ich angefangen, darauf zu achten, worüber wir reden.

66

Das kann ich nur empfehlen: Die Wetterlage ist für uns nicht mehr nur eine Wetterlage, sondern immer auch ein Gefühlszustand, der Bedürfnisse in uns weckt.

Sich einkuscheln und es sich gemütlich machen bei schlechtem Wetter, schwimmen gehen bei Hitze und Sonnenschein.

Ich wohne an einer viel befahrenen Durchgangsstraße. Inzwischen kann ich an der Intensität und Geschwindigkeit der vorbeifahrenden Fahrzeuge erkennen, wie das Wetter ist … und welche Stimmung Dich im Büro wahrscheinlich erwartet.

Entscheidungen treffen

Wie also ist die Wetterlage an Deinem Arbeitsplatz? Eher regnerisch trübe oder extrem stürmisch … vielleicht sogar gewittrig?

Diese Zeilen schreibe ich gerade in der S-Bahn, auf dem Weg zur Orgatec (der größten Büromesse) in Köln.

Seit langer Zeit bin ich nicht mehr im System und fahre deshalb nicht mehr mit all den anderen morgens ins Büro. Ich gehe in dieser Zeit mit den Hunden in den Wald, denn mein Büro ist direkt bei mir im Haus.

Ich erinnere mich, wie sich das anfühlt, sich morgens auf den Weg zur Arbeit zu machen. Meist war ich im Auto unterwegs. Auch dort wälzt man sich morgens gemeinsam über die Straßen. Man ist nur besser abgeschirmt gegen:

- die Gerüche
- die Krankheitskeime
- die gedrückte Stimmung

Im Auto kann man laut Musik hören, sich damit fröhlich stimmen und sich ausleben. Das geht hier in der S-Bahn nur bedingt. So früh morgens im kalten Regen ist da nicht allzu viel Elan.

Jeder hat mit der Zeit sein eigenes System gefunden, sich den Weg zur Arbeit so nett wie möglich zu machen:

- o Brötchen und Kaffee am Bahnhof holen
- o Zeitung lesen
- o sich mit Kopfhörern in andere Welten entführen lassen
- o ein Buch lesen (oh ja! Einige halten ein Buch in der Hand)

Ein junger Mann hält Orwells 1984 in Händen. Ich werde es auch noch einmal lesen und vergleichen, inwieweit unsere heutigen Umstände seine Visionen übertroffen haben.

Ist es nicht unglaublich, dass es immer noch und immer wieder so aktuell ist?

Nun, Du möchtest eine Entscheidung treffen. Dazu kann ich Dich nur beglückwünschen, es wird alles ändern.

Sei liebevoll zu Dir und hör Dir gut zu. Nicht wie die Frau, die mir gerade noch schräg gegenübersaß und sich vehement selbst ausgeschimpft hat, nur weil sie an ihrer eigenen Tasche hängengeblieben ist.

Das sind die kleinen Momente, an denen klar zutage kommt, wie Dein Umfeld mit Dir geredet hat, als Du klein und verletzlich warst. Damals sind die Worte so tief in Dein Bewusstsein eingedrungen, dass sie auch noch Jahrzehnte später automatisch aus Dir herausbrechen ... und es fällt Dir noch nicht einmal auf.

Die Worte, die Du Dir ständig selbst sagst, sind viel schlimmer als all das, was Kollegen Dir sagen könnten. Denn Du sagst sie Dir unbewusst, immer und immer wieder.

Nun, wozu hast Du Dich entschieden? Redest Du auch weiterhin so mit Dir? Gehst Du so mit Dir um?

Dann werden es die anderen auch tun!

In die Handlung kommen

Eine Entscheidung treffen ist das Eine, in die Handlung kommen das Andere. Es ist gut möglich, dass Du erst einmal zusammensackst. „Oh Gott", was habe ich mir all die Zeit angetan? „Wie konnte ich so blöd sein?"

Gleichzeitig kommt die Angst! „Kann ich wirklich aussteigen, wie soll es dann weitergehen?"

Vor ein paar Kapiteln habe ich Kununu erwähnt. Schau mal in die Plattform rein. Ich habe sie für Recherchen zu Top-Arbeitgebern genutzt und war erstaunt, was man alles anhand der Bewertungen erkennen kann.

Wie bereits beschrieben, habe ich mir als erstes Unternehmen angesehen, die ich kenne. Was mir dort aufgefallen ist, habe ich in meiner eigenen Zeit im Unternehmen nicht so wahrgenommen. Ich gebe zu, ich habe meist von mir auf andere geschlossen.

Ich hatte nicht bedacht, dass die Führungsebene eines Unternehmens die Situation ganz anders einschätzt als „die da unten".

Die Firmen, die ich auch intern kenne, haben Bewertungen um die 3 Punkte. (Das Bewertungssystem reicht von 0 bis 5 Punkten)

Der mittlere Wert entsteht dadurch, dass die schlechten Bewertungen der Angestellten durch die weitaus besseren Bewertungen der Führungskräfte zu einem mittleren Wert führen.

Was bedeutet das?

Die Bestimmer haben Spaß, diejenigen, die deren Vorgaben ausführen sollen aber ganz und gar nicht.

Warum?

Vielleicht weil die Einen etwas „aufgedrückt" bekommen, dessen Sinn und Bedeutung sich ihnen entzieht. Fragen oder Zweifel an der Vorgehensweise werden gedeckelt.

Fällt Dir etwas auf?

Diese Konstellation hattest Du schon einmal: als Kind in Deiner Familie!

Du bist es gewohnt, Dich zurückzunehmen. Klar ist da der innere (auch im Außen geäußerte) Groll. Im Endeffekt setzen aber die gleichen Prozesse ein, wie in Deiner Kindheit:

Entweder gehörst Du zu denjenigen, die sich auflehnen und immer gegen alles sind oder Du gehörst zu denjenigen, die mit zusammen gebissenen Zähnen „gehorchen" und oberflächlich funktionieren. (Selbstverständlich gibt es auch sämtliche Mischformen, je nach Personen-Konstellation, verhälst Du Dich „aggressiv" oder Du „gehorchst", bist der „Leader", „Arbeits-Clown", „Duckmäuser" etc. Doch das würde hier zu weit führen, ich gehe davon aus, dass Du die Grundidee verstanden hast.)

Tja, und dann ist es auch schon passiert: wir haben die erste Krankheit und ihre Ursachen entdeckt: Zähneknirschen und somit auf Dingen herumkauen, die schwer verdaulich sind. Wir versuchen diese zu zermalmen, um sie runter zu kriegen.

Klingt das nach Genuss und einem glücklichen Leben?

Zum Vergleich schau Dir jetzt Unternehmen an, die eine Superbewertung haben (um die 5)

Hier arbeiten Chefs und Mitarbeiter eng zusammen. Beide Seiten dürfen ihre Ideen und Vorschläge einbringen. Entscheidungen werden gemeinsam getroffen und getragen.

Ziele definieren

Na, haben Dich die Aussagen der glücklichen, funktionierenden Firmen auch so begeistert?

Erkennst Du nun auch, welche Energie aus den abgebildeten Bewertungen spricht? Spürst Du den tief sitzenden Frust bei den Unzufriedenen? Hat es Dich auch heruntergezogen, obwohl Du sie nicht kennst und auch nie gesehen hast? Einfach nur beim Lesen ...

Verstehst Du jetzt, wie viel die Energie, die Du in Deine Mails einfließen lässt, bei denen, die sie lesen, auslöst?

Was war mit den begeisterten Bewertungen? Hast Du nicht mitgestrahlt? Kam da bei Dir nicht auch das Bedürfnis auf, sofort bei dieser Firma anzurufen und Dich zu bewerben?

Was hält Dich noch ab?

Lies Dir die Bewertungen noch einmal genau durch. Lass Dich inspirieren. Dort werden viele tolle Dinge stehen, die Du Dir auch wünscht.

Schreib sie Dir sofort auf! Das könnten auch Deine Ziele sein! ... und das Beste: es gibt eine Menge Firmen, die sie erfüllen können!

Lösungen suchen

Nun, unter Umständen hast Du sie schon gefunden.

Wie cool ist das denn? Du bist kurz davor, Deine Träume Realität werden zu lassen. Es gibt das Paradies für Arbeitnehmer. Vielleicht liegt es näher, als Du denkst.

Wer nicht wagt, der nicht gewinnt

Da hilft kein Lamentieren. Wenn Du etwas ändern willst, musst Du Dich trauen!

Stell Dir einfach folgendes Bild vor: Du wohnst in einer Wohnung, in der sich über die Jahre allerhand in den Ecken, den Schränken und den Schubladen angesammelt hat.

Würdest Du wirklich ein wunderschönes Designerstück in eine staubige Schublade legen? Eine tolle neue Leuchte einfach mitten ins alte Chaos stellen?

Und selbst wenn: wessen Ausstrahlung würde gewinnen? Auch wenn die Leuchte gewinnt, alles um sie herum wird alt, dreckig und verbraucht aussehen.

Also erst einmal das Alte weg - und aufräumen und dann: das Neue aufgeräumt beginnen.

Du hast es geschafft!

Hey, Du hast Deine Ziele definiert, Unternehmen gefunden, bei denen das Klima super ist und Du hast eine Entscheidung getroffen. Die kann sehr unterschiedlich aussehen:

- Du bist Dir Deiner Fähigkeiten und Bedürfnissen jetzt bewusst und kannst mit Deinen Chefs nun ganz anders reden. Dabei stellt ihr fest, dass ihr bislang aneinander vorbeigeredet habt. Ihr sprecht Euch aus und kreiert zusammen ein neues Miteinander.

- Du hast bei Deinen Recherchen eine neue Firma gefunden, die Dich so begeistert hat, dass Du Dich beworben hast. Wie wunderbar, Du hast die Stelle tatsächlich bekommen.

- Du bist Dir sicher, dass Du gehen musst und bist nun auf der Suche nach einem neuen Platz für Dich. Einem Platz, der Dir guttut.

- Du bist noch mutiger und gehst voller Tatendrang in die Selbständigkeit.

- Du bist anders mutig und
  - wirst schwanger (wenn Du eine Frau bist ...)
  - wanderst aus
  - gehst auf Weltreise

Wie fühlt sich das an?

Mit der Betonung auf dem FÜHLEN.

- ✓ Aufregend
- ✓ Kribbelig
- ✓ Der Wahnsinn!
- ✓ Befreit
- ✓ Glücklich
- ✓ Fliegend
- ✓ Erlöst
- ✓ Erschöpft
- ✓ Bereit

Ich gebe Dir hier ein Gedicht mit auf den Weg, das mir sehr geholfen hat, besonders die von mir markierten Zeilen.

Was löst es in Dir aus?

Stufen_ Hermann Hesse

Wie jede Blüte welkt und jede Jugend
Dem Alter weicht, blüht jede Lebensstufe,
Blüht jede Weisheit auch und jede Tugend
Zu ihrer Zeit und darf nicht ewig dauern.
Es muss das Herz bei jedem Lebensrufe
Bereit zum Abschied sein und Neubeginne,
Um sich in Tapferkeit und ohne Trauern
In andre, neue Bindungen zu geben.
Und jedem Anfang wohnt ein Zauber inne,
Der uns beschützt und der uns hilft, zu leben.
Wir sollen heiter Raum um Raum durchschreiten,
An keinem wie an einer Heimat hängen,
Der Weltgeist will nicht fesseln uns und engen,
Er will uns Stuf' um Stufe heben, weiten.
Kaum sind wir heimisch einem Lebenskreise
Und traulich ein gewohnt, so droht Erschlaffen;
Nur wer bereit zu Aufbruch ist und Reise,
Mag lähmender Gewöhnung sich entraffen.
Es wird vielleicht auch noch die Todesstunde
Uns neuen Räumen jung entgegensenden,
Des Lebens Ruf an uns wird niemals enden,
Wohl an denn Herz, nimm Abschied und gesunde!

Was hast Du auf Deinem Weg gelernt?

Nun, diesen Platz überlasse ich Dir. Tobe Dich richtig aus und schreibe es auf jeden Fall in dieses Buch.

Wenn Du magst, schick es mir. Ich freue mich und werde Dir auf jeden Fall antworten.

Denn das ist das Ziel, immer und überall, für jeden.

Lerne etwas!

Begegnungsplätze – anderen geht es genauso

Das ist der Punkt: anderen geht es genauso. Du bist nicht alleine.

Wäre es nicht toll, wenn Du Dich in Ruhe austauschen könntest? Mit Menschen, denen es genauso geht?

Ich bin mir sicher, ihr werdet Euch intuitiv erkennen. Es bedarf nur der Gelegenheit, sich zu treffen.

Genau das ist mein Ziel und Anliegen - meine Mission:

Begegnungsplätze zu schaffen

- ∞ Im Büro – mit Dir selbst - oder vielleicht mit einem Schaf...
- ∞ In Wohngegenden
- ∞ In Parks
- ∞ Vor Haustüren
- ∞ Im Supermarkt
- ∞ Auf Plätzen ...
- ∞ Überall – damit Bewegung in Deine Gedanken kommt.

Wir sind Menschen, wir brauchen Kommunikation. Echte Kommunikation und Plätze, an denen das möglich ist.

Ich möchte Menschen wieder zusammenbringen, von Angesicht zu Angesicht.

Was ist eigentlich ein Begegnungsplatz?

Nun, meine Idee hinter den Begegnungsplätzen ist es, sich wie beim Hundespaziergang ganz locker und eher zufällig zu begegnen.

Der Begegnung haftet zum einen etwas Leichtes an, ein „einfach mal Hallo sagen". Wenn die Chemie stimmt, hat es den Vorteil, dass das Leichte ganz leichtfüßig in die Tiefe geht.

Hast Du es nicht auch schon erlebt, dass Du mit jemandem, der mit Dir an der Bushaltestelle wartet, ins Gespräch kommst? Wenn nicht, dann ist Dir bis jetzt etwas entgangen.

Erst wird wahrscheinlich das Wetter das Thema sein, dann die Familie ... je, nachdem wie sich das Gespräch entwickelt kann es passieren, dass Du in der Tiefe kommunizierst und Dinge austauscht, die Du selbst Deinen engsten Freunden noch nie mitgeteilt hast.

Einfach, weil es so losgelöst ist und Ihr Euch danach meist nie wieder sehen werdet.

Durch diese Impulse von Menschen, die meist mit Deinem täglichen Leben gar nichts zu tun haben, kommt Bewegung in Deine Gedanken und wahrscheinlich wird es mindestens einen Satz geben, der Dich „triggert" und Dir im Kopf hängen bleibt.

Begegnungsplätze schaffen Nähe, einen losgelösten Raum im täglichen Leben, in dem Unglaubliches passieren kann - wenn Du es zulässt.

Was macht einen guten Begegnungsplatz aus?

Nun, er muss gut für Begegnungen geeignet sein (wie das Wort ja schon sagt). Es sollte einen Anlass geben, um innezuhalten. Etwas Besonderes, das Dich stoppt, einen Punkt, der die Aufmerksamkeit auf sich zieht, ein Gegenstand, der für diese Umgebung ungewöhnlich ist.

Entscheidend ist auf jeden Fall die Lage eines Begegnungsplatzes. Er muss so öffentlich sein, dass man sich findet und gleichzeitig so geschützt, dass Du Dich frei fühlst, Dich zu öffnen.

Hilfreich ist es, wenn Du eine Möglichkeit hast, Dich anzulehnen, Dich hinzusetzen. Das kann ein Geländer sein, ein großer Stein, ein Baum oder etwas anderes mit einer guten Ausstrahlung und Atmosphäre, an dem Du Dich orientieren kannst. Etwas, das Dir Schutz gibt.

Andere sollten die Möglichkeit haben, im Vorbeikommen locker anzudocken, wenn sie in die Konstellation passen.

Ebenso wichtig ist es, dass diejenigen, die gerade zusammen stehen, sich jeder Zeit locker und entspannt verabschieden können.

Es ist perfekt, wenn die Begegnungen fließend sind. Ein bisschen wie auf einem Fest am Stehtisch: Er gibt Halt, aber er schränkt nicht ein, er hält Dich nicht fest.

Für wen ist er gedacht?

Für alle, die gerne mit anderen Menschen in Kontakt treten möchten. Und für diejenigen, die sich alleine fühlen, sich aber nicht trauen, auf andere zuzugehen.

Wenn Du eine offene Ausstrahlung hast, reicht es, sich an einem solchen Platz niederzulassen und für alles offen zu sein.

Es passiert, was passieren soll. Alles ist möglich. Das eigene Leben wird abwechslungsreicher, interessanter und bekommt neue Inputs. Wenn Du noch nicht so offen bist, kann es eine gute Übung sein, sich an solchen Begegnungsplätzen aufzuhalten und Schritt für Schritt, ein wenig mehr auf andere zuzugehen. Wie wäre es am Anfang mit einem kleinen Lächeln?

Wie soll das im Büro aussehen?

Nun, Firmen unterteilen sich gewöhnlich in verschiedene Abteilungen. Jede Abteilung hat auf irgendeine Weise eine eigene Sprache, einen eigenen Code, eigene Umgangsformen.

Es gibt ruhige, kontrollierte Abteilungen wie die Buchhaltung (sorry, irgendwie muss die immer herhalten ...) und offene, laute, unruhige wie den Verkauf und den Vertrieb (Ihr könnt das ab, gell?)

bedingt dadurch, gibt es selbst ohne räumliche Abgrenzungen unsichtbare Grenzen.

Warum?

Nun, jeder lebt irgendwie in seiner Welt, findet den anderen vielleicht etwas merkwürdig. Selten kommt Ihr wirklich miteinander in Kontakt.

Jeder denkt, er hätte dem anderen nicht viel zu sagen.

Unter diesen Gegebenheiten ist es schwierig, neue Begegnungen zu initiieren. Die Gewohnheiten sind meist schon zu festgefahren.

Die von mir angestrebte Begegnung findet an anderen Orten im Unternehmen statt: den sogenannten Verkehrsknotenpunkten.

Orten, an denen verschiedene Ströme zusammenfließen, Energien verwirbeln, Menschen aufeinander zugespült werden – sich begegnen.

Ich glaube an Resonanz. Ich glaube daran, dass sich diejenigen treffen, für die es gerade wichtig ist, sich zu treffen.

Für eine Firma bedeutet das, das sich Menschen treffen, die ein gemeinsames Thema haben, z. B. einen gemeinsamen Kunden.

Vielleicht kennt ihr euch gar nicht persönlich, sondern nur in gedeckelter Form via Mailverkehr.

Vielleicht kennt Ihr Euch auch, aber eben nicht wirklich. Vielleicht habt ihr bestimmte Vorstellungen vom anderen, habt diese aber leider nie hinterfragt.

Im zufällig entstandenen Gespräch tauchen möglicherweise Gemeinsamkeiten auf, kleine Dinge wie ein Haustier, ein Enkelkind, ein Hobby, das Ihr teilt oder ein gemeinsamer Freund.

Wer einmal ein solches Gespräch geführt hat, begegnet sich danach auf einer ganz anderen Ebene, einer deutlich persönlicheren Ebene.

Das öffnet Türen und Herzen.

Ziel erreicht: eine echte Begegnung zwischen Menschen, von Angesicht zu Angesicht, von Herz zu Herz. Abteilungsübergreifend, die Möglichkeit zu einem viel entspannteren Austausch, zu einem anderen Miteinander.

Zu mehr Verständnis für den anderen und den Mut, an Stellen nachzufragen, an denen Du Dich das früher nie getraut hast.

Welch ein Segen für die Firma: Aus einem Gegeneinander wird ein

Miteinander

Ein kleiner Ausblick auf andere mögliche Plätze der Begegnung:

Begegnungsplätze im Park

Die Basisbedingungen sind dieselben wie im Büro:

- geschützte Offenheit
- Wegesituationen (keine Hauptstraßen!)
- Ruhe (keine totale Stille)
- Im Sommer etwas Schatten
- Ein Wasserspender
- Ein Teich, in dem man die Füße kühlen kann
- Ein Stück Wiese, auf dem man sitzen kann

Begegnungsplätze in einer Wohnsiedlung

Statt Straßen, Autos und abgrenzenden Vorgärten, ein kleiner gemütlicher Ort, der einlädt und nicht ausgrenzt.

Ein großer alter Baum ist immer eine gute Sache. Bäume haben eigene Energien und laden Menschen ein, sich neben sie zu setzen. Eine halbrunde Baumbank, die befreit und nicht einengt.

Platz für Privatheit und gleichzeitig Raum für Verbundenheit.

Begegnungsplätze in einem Seniorenheim

Wo könnten sie wichtiger sein als dort?

Das Bedürfnis nach Ruhe wächst, die Hemmschwelle, auf andere zuzugehen, steigt.

Gerade in einer Situation, in der alle ihr altes Leben in irgendeiner Form verloren haben, sind Begegnung und die damit verbundenen Gespräche besonders wichtig:

> ➤ In diesem Umfeld muss die Begegnungsstätte leicht zu erreichen sein.

- ➢ Sie muss zudem auf jeden Fall eine bequeme Sitzmöglichkeit bieten.
- ➢ Sie muss mit Rollstuhl und Rollator leicht zu erreichen sein und genügend Platz dafür bieten
- ➢ Es sollten Getränke und etwas zu knabbern bereitstehen
- ➢ Sehr hilfreich sind Kissen und Decken
- ➢ Viele schöne Accessoires
- ➢ Schöne Gerüche
- ➢ Tolle Ausblicke
- ➢ Dinge, die an die eigene Jugend erinnern und dazu führen, dass man sich wieder fröhlich und jung fühlt. Das gibt Energie.

So wird dieser Ort vielen Menschen viel Freude bringen, neue Kontakte entstehen lassen und ein fröhliches Miteinander.

Lebensfreude umschreibt es wohl am besten.

Kein Wunder, dass solch ein Ort eine viel genutzte und langfristig begeisternde Begegnungsstätte ist.

Begegnungsplätze in einem Krankenhaus

Nicht jeder möchte sich gleich in ein Café setzen, die Lobby ist oft zu zugig und kühl.

Für jemanden, der sowieso schon krank ist, zu unruhig, zu hektisch und zu dicht am rettenden Ausgang.

Die Lobby vermittelt zu sehr das Gefühl, das genau dort die Trennlinie ist, zwischen Krankheit und Leben.

In der Art von: „Die da dürfen am Leben da draußen teilhaben, aber ich muss hierbleiben, fühle mich ausgeschlossen."

Ausgeschlossenheit kann niemals eine gute Grundlage für einen Begegnungsplatz sein.

Ein guter Begegnungsplatz ist zum Beispiel an einen Innenhof angegliedert. Er bietet Ausblicke ins Grüne, die Gelegenheit, Vogelzwitschern, die Sonne, den Regen, das Wetter vom geschützten Raum aus zu erleben.

Das gibt auch kranken Menschen das Gefühl, an einem guten Platz zu sein.

Das gute Gefühl: Hier kümmert man sich um mich, hier kann ich genesen.

Begegnungsplätze auf der Messe

Endlose Besucherströme, wandernde Menschen, überreizte Menschen, begeisterte Menschen, gehetzte Menschen.

Menschen, deren Füße müde sind, denen meist die Beine weh tun, die ihre Akkus aufladen möchten: ihren eigenen und den ihrer Geräte.

Die Anforderungen sind dementsprechend speziell:
- ∞ Ein gemütlicher Sitzplatz mit Rückendeckung zur Erholung
- ∞ Genügend Freiraum, um sich entspannen zu können
- ∞ Die Freiheit, auch einfach nur schweigend zu beobachten oder in sich zu gehen und das bislang Erlebte und Gesehene zu „verdauen"
- ∞ Ein Stromanschluss, um z. B. das Smartphone, das Laptop, das Tablet wieder ins Leben zu rufen
- ∞ W-LAN
- ∞ USB
- ∞ Getränke zur Stärkung
- ∞ Kleine Snacks als Ergänzung

Begegnungsplätze an der Bahn

Ein Wetterschutz, zumindest etwas, an dem man sich anlehnen kann.

Ein Experiment.

Wegen der Zerstörungswut vieler Mitmenschen werden viele Installationen kühl und unbequem, aber stabil und robust, gestaltet.

Meist führt das dazu, dass sie erst recht nicht wertgeschätzt werden.

Menschen spüren die Energien.

Installiert man etwas, um Schlimmeres zu verhindern, strahlt diese Installation genau das aus: ich bin nur ein Ersatz, ihr bekommt nur mich, weil ihr eh immer alles zerstört.

Das erzeugt oft eine noch größere Aggression, die ebenso oft in Gewalt ausartet, ... die sich in Zerstörungswut ausdrückt.

Ein Beispiel:

dort, wo das erste bisschen Abfall abgelegt wird, kommt sehr schnell der nächste Abfall hinzu und in kürzester Zeit hat man eine Müllkippe erschaffen.

Interessant wäre es, zu sehen, ob das auch im Umkehrschluss funktioniert: Wunderschöne Materialien und Menschen, die sich mit Liebe darum kümmern. Sie halten den kompletten Bereich sauber und ordentlich, gepflegt. Würde diese Liebe und Hingabe ausreichen, um gerade die zu erreichen, die sich danach sehnen?

Würden sie kommen und den Menschen begegnen, die Ihnen guttun?

Es ist den Versuch wert.

Gemeinsam schädliche Strukturen erkennen und auflösen

Wie schon erwähnt, muss erst aufgeräumt, entmüllt und sauber gemacht werden, bevor sich neue Dinge etablieren können.

Begegnungsstätten schaffen einen Ort als Gegenbewegung, einen Ort des Aufbruchs, den Aufbruch in ein neues Miteinander.

Begegnungsstätten sind die Keimzelle. Hier entsteht eine kleine Oase, in der durch all die wunderbaren Dinge, die sie bereithält, eine tiefere Verbindung zwischen zweien oder mehreren Menschen entsteht, als das im normalen Büroalltag ansonsten der Fall ist.

Auf dieser Basis kann sich der neue Geist in der ganzen Firma ausbreiten.

Wodurch entsteht dieser Umbruch?

Im normalen Büroalltag schottest Du Dich meistens – zumindest in einigen Bereichen – gegen Deine Kollegen ab. Die Arbeit ist stressig, die Pausen sind kurz, die Anreise ist nervig. Du benötigst einen Bereich für Dich, in dem Du sicher bist, Deine Ruhe hast.

Das ist sehr sinnvoll, um Dein inneres Gleichgewicht zu behalten.

Wenn der Druck von außen zu groß wird, wird der Kokon, in den Du Dich zurückziehst immer stabiler, massiver und fast undurchdringlich für Deine Kollegen und Freunde.

Du vereinsamst unter Menschen. Wir alle brauchen aber Austausch und Kommunikation zum Leben.

Ein richtig gestalteter Begegnungsplatz gewährt Dir und allen, die sich dort begegnen, einen geschützten Raum, der es Dir erlaubt, Dich ein kleines bisschen aus Deinem selbstgeschaffenen Kokon hinaus zu wagen.

Vorsichtig hinaus zublinzeln und Dich Stückchen für Stückchen, Wort für Wort für einen anderen Mitmenschen zu öffnen.

Das ist der Umbruch: sich selbst zeigen, von anderen gesehen zu werden und die anderen, die sich ebenfalls zeigen ebenfalls besser sehen und verstehen zu können.

Spürst Du wieder?

Kannst Du es zulassen? Spürst Du wieder, wie wohltuend es ist, sich miteinander zu unterhalten? Genießt Du es, Dich wieder mehr in der Tiefe zu unterhalten und dabei vielleicht sogar neue Freundschaften zu schließen. Weil ihr Euch nun nach und nach besser kennenlernt, könnt ihr Euch immer mehr öffnen. Da fällt es viel leichter, einmal nachzufragen, warum es bislang Dinge gab, die Dein Kollege nicht machen wollte oder angeblich nicht konnte.

In diesem offenen Miteinander hat er Raum und Schutz, um Dir zu erklären, wie seine Abteilung, sein Programm oder er funktioniert und warum er bestimmte Dinge nicht einfach so machen kann.

Durch Euren Austausch entwickelt ihr neue Ideen. Du verstehst endlich, wo der Haken hängt, der Fluss gestoppt wird und vor allem, wie er wieder fließen kann.

Fühlt sich das nicht wunderschön an?

Miteinander

Du bist nicht mehr alleine. Genieße es, öffne Dich. Teile Deine Wünsche und Sorgen. Rede ruhig und besonnen. Stelle interessierte Fragen. Vor allem: höre aufmerksam zu.

Nehmt Euch Zeit. Verabredet Euch, wenn Ihr bemerkt, dass es noch so viel mehr zu klären und bereinigen gibt. Beschreitet die neuen Wege, die ihr erkannt habt.

Seid mutig und begeistert und teilt Eure Begeisterung über diese schöne und erleichternde Begegnung mit den anderen Kollegen.

Berichtet von Euren Erfahrungen. Lasst den Samen aufgehen. Hegt und pflegt ihn, damit eine schöne Pflanze heranwachsen kann.

Was berührt Dich bei Deiner ersten Begegnung am meisten?

Ist es die Tatsache, dass Dein Kollege so ganz anders ist als gedacht? So viel offener, interessanter und vielschichtiger als Du bislang gesehen hast?

Es ist Zeit für Dich, ein ausführliches Fazit zu ziehen. Dir Klarheit zu verschaffen, wo die Reise hingehen soll.

Hier einige spannende Fragen, für deren Beantwortung Du Dir bitte etwas Zeit nimmst. Spüre tief in Dich! Du hast nun Deine erste Erfahrung mit einem Begegnungsplatz gemacht. Wie ist es Dir ergangen?

Was ist bei Deiner ersten Begegnung für Dich am beeindruckendsten gewesen?

_____

Was waren Deine Ängste?

_____

Was von Deinen Befürchtungen ist wirklich eingetreten?

_____

Wie fühlst Du Dich nun?

_____

Wem möchtest Du gerne einmal begegnen?

_____

Gibt es konkrete Menschen aus anderen Abteilungen, die Du interessant findest?

_____

Mit welchen Abteilungen bestehen die größten Missverständnisse?

_____

Welche anderen Orte im Büro fallen Dir spontan ein, die sich für weitere Begegnungsplätze eignen würden?

_____

Wem hast Du schon von Deinen bewegenden Erlebnissen erzählt?

_____

Wie haben die reagiert?

_____

Gemeinsam

Mir ist es an dieser Stelle wichtig, Dir klar zu machen, wie groß der Unterschied zwischen der oft gewünschten Kommunikation per E-Mail und der Kommunikation von Angesicht zu Angesicht ist.

Du hast erkannt, wie wohltuend es ist, sich auszusprechen, sich mitteilen zu dürfen. Dann bist Du der Samen.

Damit der Samen richtig aufgehen kann, benötigt er eine gute Erde und einen Gärtner, der sich mit der Aufzucht von Pflanzen auskennt.

Du brauchst Unterstützung.

Chefsache

Je nachdem wie die Verhältnisse und Strukturen in der Firma, in der Du arbeitest, sind, ist die nun folgende Vorgehensweise etwas unterschiedlich.

Es gibt die Möglichkeit, zunächst mit den Dir nahestehenden Kollegen zu reden und ihnen von Deinen Erfahrungen zu erzählen. Wie reagieren sie? Sind sie bereit, es auszuprobieren?

Die Alternative besteht darin, direkt mit Deinem Chef über Deine Vorschläge und Ideen zu reden. Hast Du einen Chef, bei dem Du Dir sicher bist, dass er versteht, wie wichtig seine Mitarbeiter für sein Unternehmen sind? Dann nimm ihn mit ins Boot, bzw. gib den Stab an ihn weiter. Es ist sein Unternehmen und so eine große Sache wie die Schaffung von Begegnungsplätzen ist eindeutig: Chefsache!

Rechnen hilft

Mathematik als etwas darzustellen, das eh keiner versteht, ist leichtsinnig. Unser komplettes Leben ist Mathematik. Woher willst Du wissen, ob Dein Einkommen reicht, wenn Du nicht ausrechnen kannst, wie hoch Deine monatlichen Ausgaben sind. Wenn Du nicht beurteilen kannst, ob Deine Einnahmen ausreichend hoch sind, um Deine Ausgaben zu bestreiten, wirst Du scheitern.

In einer Firma sind die Rechenaufgaben natürlich deutlich umfangreicher. Die große Kunst besteht darin, die richtigen Daten miteinander zu vergleichen.

80% der Mitarbeiter können sich nicht konzentrieren

Wahrscheinlich kannst Du das nachvollziehen. Immer klingelt irgendwo ein Telefon. Du musst möglicherweise andere Telefonate mit anhören und kannst Dich nicht mehr auf Deine Arbeit konzentrieren.
Dann läuft jemand über den Flur. Du schaust kurz auf, wer es ist ... und bist raus aus Deiner Arbeit.
Die Klimaanlage rauscht, Dir fällt im ungünstigen Fall kalte Luft schmerzlich in den Nacken. Das Computerprogramm stürzt ab, Dein Kollege, der Dir gegenüber sitzt, ist erkältet ... Es gibt eine Unzahl dieser Dinge. Nennen wir sie einfach mal Stressfaktoren.

20% arbeiten

Moment mal. Das kann doch nicht sein! OK, es ist ein wenig provokativ. Ich wollte Dir nur aufzeigen, was dieser Satz:"80 % der Mitarbeiter können sich bei der Arbeit wegen äußerer Einflüsse nicht konzentrieren" eigentlich bedeutet.

Wenn Du den Satz liest, kommt vielleicht erstmal ein lautes inneres „Ja". Die

Wahrscheinlichkeit ist groß, dass Du „Ja" sagst, weil Du sehr gut nachempfinden kannst, dass Konzentration nahezu unmöglich geworden ist. Hast Du jemals darüber nachgedacht, was das bedeutet? Genau: es bleiben nur 20% der Mitarbeiter übrig. Nur 20% fühlen sich nicht gestört und arbeiten.

Wir rechnen

Du hast natürlich recht, die anderen 80% arbeiten auch ... zu 20% ihrer Möglichkeiten. Was das bedeutet?

Lass uns das mal kurz nachrechnen. Das bedeutet, dass von 100 Mitarbeitern 20 wunderbar arbeiten. Das ist einfach, nicht wahr?

80 Mitarbeiter fühlen sich gestört und sind unkonzentriert. Ich denke, Du hast Erfahrungen genug gesammelt und verstehst was das bedeutet.

Dein Kopf ist voll von Gedanken wie: "jetzt hustet die schon wieder. Hoffentlich stecke ich mich nicht an", „kann der nicht mal leiser telefonieren? Ich weiß gar nicht mehr, wo ich bei meiner Arbeit stehen geblieben bin" oder „immer ist das hier so kalt. Mein Nacken ist schon ganz steif von der kalten Luft, die auf mich herabfällt"

Bingo. Merkst Du es? Während Du Dich innerlich aufregst, kannst Du nicht gleichzeitig arbeiten.

Da es so viele Dinge gibt, über die Du Grund hast, Dich aufzuregen, bleiben nur diese lächerlichen 20% Restkonzentration übrig. Verstehst Du jetzt, warum Du mit Deiner Arbeit kaum vorankommst?

Das Ergebnis

Zwei Rechenschritte fehlen uns noch. Wenn Du das Ergebnis bislang schon schrecklich findest, dann kommt es jetzt so richtig dicke. Bist Du bereit?

Wenn 80 Mitarbeiter mangels Konzentration nur 1/5 ihrer Zeit wirklich arbeiten können (das sind die 20%) dann bleiben ja von 80 nur der fünfte Teil übrig. Das sind 16!!!

20 Mitarbeiter arbeiten ja schon, jetzt kommen noch 16 dazu. Macht zusammen 36.

Oh, angestellt sind aber 100! Schock, schwere Not! Das bedeutet, dass Dein Chef 100 bezahlt und durch die Störungen nur die Arbeit von 36 erhält.

Jeden Tag ein Verlust von 64 wertvollen Mitarbeitern, die körperlich anwesend sind, sich aber wegen der ständigen Störungen nicht entfalten können.

Dein Chef wird sich schnell ausrechnen können, was er da jeden Monat an Geld rausschmeißt.

Schlimmer geht immer

Wahrscheinlich hat Dein Chef bereits bemerkt, dass er zwar 100 Mitarbeiter hat, aber nicht die Arbeitsmenge abgearbeitet wird, die er sich vorgestellt hat.

Natürlich hat er sich als verantwortungsvoller Chef Gedanken darüber gemacht und ist vielleicht zu dem naheliegenden Schluss gekommen, dass ihr einfach nicht genügend motiviert seid.

Das ist ja noch nicht einmal falsch. Der Grund dafür ist aber nicht der, den er dafür hält.

Er sitzt nicht an eurem Platz, er hat wahrscheinlich ein separates Büro und eine Assistentin, die ihm all die Störungen, denen ihr ausgesetzt seid, vom Leib hält.

Jeder geht von seinen Erfahrungen aus, wenn er andere beurteilt. Er geht also davon aus, dass Eure Umgebung dieselbe ist wie seine. Natürlich ist es offensichtlich, dass dies nicht so ist. Das ist ihm aber nicht bewusst.

Wann hat er schon das letzte Mal da seinen Arbeitsplatz gehabt, wo ihr ihn habt?

Da ihr seiner Meinung nach nicht genügend motiviert seid, bekommt ihr vielleicht ein Seminar zum Thema Motivation.

Missverständnisse

Das Seminar kostet Zeit, die ihr nicht habt. Ihr habt Euch das Seminar nicht ausgesucht, Du fühlst Dich wahrscheinlich unverstanden. Du bist unter Druck, denn dieses Seminar bedeutet in Deiner Wahrnehmung, dass Du nicht gut genug, nicht motiviert genug bist.

Du weißt, dass das zwar irgendwie stimmt. Die Ursache aber in den äußeren Störungen liegt und nicht wirklich in Deiner inneren Motivation.

Widerwillig gehst Du zum Seminar. Du findest es vielleicht auch ganz interessant. Es ändert nichts an den Ursachen, sondern doktert an den Symptomen herum.

Dein Druck erhöht sich, Dein Chef ist ratlos und versteht nicht, warum die Wirkung des Seminars sich nur bedingt einstellt und nach kurzer Zeit wieder alles beim Alten ist.

Die Lösung:

Sei offen. Erzähle Deinem Chef in einem ruhigen Moment von Deinen Erfahrungen mit Begegnungsplätzen. Erzähle von all den Störungen, denen Du täglich ausgesetzt bist. Sage ihm, was das mit Dir macht. Sage ihm ruhig und deutlich, dass Du Dich nicht konzentrieren kannst.

Zeige ihm unsere Berechnung. Erkläre ihm, wie es sich für Dich anfühlt.

Vor allem: bitte ihn, Dir und Euch zu helfen. Wirklich zu helfen. Indem er sich Rat holt, von einem Experten. Einem Experten, der ihm aufzeigen kann, was es ist, dass seine Mitarbeiter so ineffektiv macht. Einem Experten, der mit Euch allen bespricht, wo die Störquellen sind und mit Euch allen zusammen

Lösungen findet. Damit ihr wieder in Ruhe und total konzentriert arbeiten könnt.

Er wird staunen, wie sehr sich Eure Motivation ganz von selbst verbessert.

Räumliche Bedingungen

Die meisten Störungen liegen im Bereich der Arbeitsplatzgestaltung.

Hallige Räume oder Räume, in denen Du viel zu viel von all den anderen um Dich herum verstehen kannst. Teilweise über weite Entfernungen. Du hast gemerkt, dass Deine Gedanken verloren gehen, wenn Du andere Gespräche mitverfolgen musst. Keine Chance, Dich zu konzentrieren.

Gehen wir einmal durch, welche Störquellen im Büro auftreten.

Schlechte Akustik

Viel hilft viel, gilt nicht für Akustikdecken im Büro. Über den Daumen gerechnet benötigt man ungefähr 25% (also ein Viertel der Bodenfläche) an Akustikdecke, damit der Raum eine gute und angenehme Akustik hat. Die Nachhallzeit (die Sekunden, die es dauert bis der Ton, das Geräusch verschwunden ist) ist so kurz, dass sich nicht alle Gespräche zu einem unendlichen Mischmasch zusammen tun und lang genug, dass man nicht alles verstehen kann (hier bitte ganz deutlich zwischen Hören und verstehen unterscheiden!)

Lehn Dich doch mal in Deinem Bürostuhl zurück und werfe einen Blick an die Decke …

Sind da viele unterschiedlich große offene Löcher? Dann kannst Du sicher sein, dass Du unter einer Akustikdecke sitzt (oder jemand mit der Bohrmaschine geübt hat …). Erstreckt sie sich über den kompletten Raum, kannst Du Dir recht sicher sein, dass Du auch noch die Stecknadel einen Raum weiter hören kannst. Lausche doch mal.

Ist das so, dann hat man zu viel des Guten getan.

Laute Umgebungsgeräusche

Ist Dein Büro an einer lauten Straße? Setzen über Dir Flugzeuge zur Landung an?

Bist Du an einer Kreuzung gelegen, an der ständig jemand quietschend so gerade noch vor der roten Ampel hält, um kurze Zeit später mit Vollgas weiterzufahren?

Herzlichen Glückwunsch, Du hast wirklich eine Herausforderung zu meistern!

Licht

Es gibt gerade für den Bürobereich eine ganze Menge Vorschriften. Das garantiert Dir trotzdem nicht immer, dass Du Dich unter dem vorherrschenden Licht wohlfühlst.

Entweder hat sich keiner drum geschert und die DIN eh nicht beachtet, weil so ein paar Leuchten aufhängen ja jeder kann, oder Du empfindest es einfach als unangenehm. Je nachdem, wie getrübt Deine Linsen schon sind (keine Sorge, das passiert einfach mit zunehmendem Alter ... und Alter heißt hier auch schon Mitte zwanzig) findest Du es vielleicht trotzdem noch zu dunkel oder einfach zu grell. Wir sind als Menschen an das Sonnenlicht gewöhnt und unsere Hormone reagieren darauf. Sonnenlicht beginnt ruhig und rötlich in den Morgenstunden, steigert sich zu kühlem hellem Licht um die Mittagszeit und verschwindet in warmem Rotton gegen Nachmittag wieder. Normale Bürobeleuchtung ist damit überfordert. Kleiner Tipp: so oft wie möglich an die frische Luft gehen und Sonne tanken.

Trittschall

Vielleicht genießt Du den Charme eines Altbaubüros. Meist gehören quietschende und knarrende Fußbodendielen mit dazu. Das ist sehr charmant, wenn es nur Deine Schritte oder die Deiner Familie sind. Will man sich im Büro konzentrieren, kann es ganz schön nerven. Vor allem, wenn

96

über Dir eine Holzbalkendecke hängt und Du zusätzlich am Leben in der oberen Etage teilhaben darfst.

Dagegen ist kaum etwas zu machen. Sorry.

Blendung

Nachmittags scheint Dir die Sonne ins Gesicht oder direkt auf den Monitor. Ziemlich schlecht, denn Du wirst so oder so kaum noch etwas erkennen können.

Vielleicht sitzt Du auch ungünstig unter der grellen Deckenleuchte und hast ständig einen Lichtblitz im Auge. Super stressig und für Dein Gehirn mega anstrengend, weil die Blendung stetig weg gerechnet werden muss. Stressfaktor pur.

Viel Bewegung

Das kann viel bedeuten. Bewegst Du Dich viel oder rennen die anderen Kollegen ständig durch die Gegend? Für die eigene Konzentration natürlich ein Graus, wenn da immer „ein Feind" oder ein „so schnell nicht zu erkennendes Wesen" durch Dein Gesichtsfeld rennt.

Besonders stressig wird es, wenn diese Person schlechte Laune hat, hektisch ist oder aggressiv. Die Energien werden Dich erreichen und aus Deiner Ruhe bringen … (wenn Du in Deiner Ruhe warst) oder Dich noch genervter machen … (wenn Du bereits angeschlagen warst)

Weite Sichtfelder

Du hast den ganzen Raum im Blick … und kriegst jede Bewegung, jedes Gespräch, jeden vorbeigehenden Kollegen mit. Du sitzt gefühlt mitten auf einer großen Kreuzung in der Stadt.

Das kann ganz interessant sein, wenn Du nicht gleichzeitig arbeiten musst und einige Terminsachen vor Dir her schiebst.

Jede Bewegung wird Dich „antriggern" und Dir Energie zuführen –

Bewegungsenergie. Unpassend, wenn Du gerade Deine Ruhe und Deinen Rückzug benötigst.

Selbst wenn das gerade alles kein Problem für Dich ist, ein kurzer „Schnack" hier, ein kleines „Hallo" dort … die Zeit verfliegt, aber Deine Arbeit nimmt kaum ab. Du verhedderst Dich.

Klimaanlage

Sie kann ein Genuss sein, wenn draußen wüstenähnliche Temperaturen vorherrschen. Sie kann aber auch das Grauen sein, wenn Du direkt unter einem der Lüftungsauslässe sitzt und Dir die ganze Zeit die eiskalte Luft in den Nacken fällt. Selbst mit Jacke und Schal (wer will den schon tragen, wenn draußen um die 30°C sind?) wird die Arbeit zur Qual.

Abgesehen davon ist unser Temperaturempfinden sehr unterschiedlich ausgeprägt. Während die einen auch bei 22°C noch frieren, bricht den anderen bei derselben Temperatur die Hitze aus. Konflikte sind vorprogrammiert.

Meist kommt es zu lustigen Szenen, wenn die eine oder andere Partei heimlich zur Steuerung schleicht und die Klimaanlage ein paar Grad hoch oder runterdreht.

Nach kurzer Zeit denkt jeder nur noch an die Raumtemperatur und fokussiert sich auf die Personen, die ständig die Werte verstellen. Klingt nicht nach entspanntem Arbeiten – ist es auch nicht.

Das kleine Grauen kommt noch obendrauf: in Open Space Offices (besser bekannt als: Großraumbüros) ist es fast unmöglich, eine ordentliche Luftfeuchtigkeit hinzubekommen. Meist schaffen die Techniker nicht mehr als 20-30% und die haben unangenehme Folgen: schrumpelige Haut, austrocknende Augen (sehr angenehm, wenn Du Kontaktlinsen trägst) Kratzen im Hals, allgemeines Unwohlsein wegen Austrocknung der Atemwege, Reizungen und und und. Arbeiten? Wie jetzt? Du hast andere

Herausforderungen, mit denen Du gerade kämpfst.

Trübe Aussichten

Erwiesenermaßen werden Menschen, die im Krankenhaus aus dem Fenster und dann „peng" vor eine hässliche Wand gucken, deutlich langsamer gesund als diejenigen, die das Glück haben, in gesundes Grün zu schauen.

Im Außen wie im Innen: Beschäftigst Du Dich einen Großteil des Tages mit einer nervigen Aussicht auf Dinge, die Du nicht gerne siehst, geht die Stimmung runter. Ich denke, die Wand ist ein gutes Beispiel: Schließe kurz die Augen und stelle Dir eine alte hässliche Wand vor, mindestens 4 – 5 m hoch, in einem Abstand von ca. 4 m von Deinem Schreibtisch. Geh ganz tief rein, in das Gefühl, das Dich beschleicht. Wie lange hältst Du das aus, bis Du schreiend wegläufst?

Menschen, die Du nicht magst direkt vor der Nase

Von allen möglichen Grausamkeiten kann dies das Schlimmste sein ... Kein Entkommen und ein stetes sich hineinsteigern in all die widerlichen Geräusche, Grimassen und Gespräche, die Du direkt vor Deiner Nase erlebst.

Monitor zwischen Euch schieben und in der Höhe so einstellen, dass Du Dein Gegenüber nicht mehr sehen musst, könnte eine Lösung sein.

Bedingt erfolgreich, denn weil Du Dich so darauf konzentrierst, dass DER oder DIE da sitzt, wirst Du Dich in jedes der hinter Deinem Monitor entstehenden Geräusche reinknien bzw. innerlich davor davonlaufen wollen und äußerlich auf Deinem Bürostuhl gefesselt sein.

Eine endlose Qual.

Miteinander mit „Cheffe"

Das sind nur einige der wunderbaren Dinge, die Dich täglich erwarten. Alle müssen irgendwie weg. Damit Du zu 80 – 100 % arbeiten kannst.

Du meinst, das schaffst Du nicht alleine? Da hast Du wahrscheinlich recht. Das sind Aufgaben, die gehören in die Verantwortung Deines Chefs. Es ist dabei absolut sinnvoll, dass er sich Hilfe holt und dass alle beteiligten Leidenden auch am Verwandlungsprozess des stetig stressigen zu einem herrlich entspannenden, arbeitsfördernden Umfeld dabei sind. Dieses Miteinander ist deshalb von so immens großer Bedeutung, damit sich alle auch wirklich zuständig fühlen und später mit Stolz ihr Büro betreten. Denn sie alle haben dafür gesorgt, dass ihre Nöte auf den Tisch gekommen sind und von einem Experten in Wohlfühlen umgewandelt werden konnten.

Darauf könnt ihr alle (Chef inklusive) sehr sehr stolz sein.

Von Frostbeulen und Hitzewellen – Klima im Büro

Nach meinen Beobachtungen und selbst erlittenen Erfahrungen, ist die richtige (gibt es die überhaupt?) Einstellung der Klimaanlage eine der größten Herausforderungen im „Open Space Office".

Entschuldige bitte, ich kann diese Marketingbegriffe nie so richtig ernst nehmen, gebe allerdings zu, dass diese Worte in uns Welten öffnen ...

Siehst Du es auch? Dieses moderne (space) assoziiere ich sofort mit „Raumschiff Enterprise" und das „aufgeschlossene" (open) Büro? Das muss man doch einfach liebhaben.

Die meisten Angestellten haben es definitiv nicht lieb, OK, vorrangig die älteren Angestellten, die es sich über die Jahrzehnte in den ihnen eigenen kuscheligen Ein- bis Zweimann/-Frau – Büros gemütlich eingerichtet haben.

Gemütlich kommt zwar wieder, genauer gesagt wohnlich (wohnDICH) nun jedoch geplant wohnlich. Da gibt es keine eigenen Designideen, denn die sind meistens nicht kompatibel mit denen der „Space-Designer".

Der freie Raum hat die herausfordernde Angewohnheit, dass er herrlich überschaubar ist ... jede Unordnung, jedes Zuviel fällt sofort ins Auge. Besser gesagt, es sticht und springt einen ohne Vorankündigung an.

Kein Ort für intuitive, leicht chaotische, künstlerische, nicht immer durchstrukturierte Menschen.

Klimatisch also in jeder Hinsicht eine echte Herausforderung.

Gucken wir es uns doch mal genauer an:

Kuschelig ist out

Wer kennt das noch? Morgens gemütlich ins Büro schlurfen, erstmal einen Kaffee machen. In der kleinen (meist hässlichen) Teeküche den ersten Plausch mit anderen halten: über das Wetter, die Qual, das heimatliche Bett zu verlassen, den Stau auf der Autobahn, die merkwürdigen Leute in der Bahn ... was auch immer.

Mit der tröstlich wärmenden Kaffeetasse in der Hand geht es, die anderen gerade Eingetroffenen freundlich begrüßend, ins eigene Zweierbüro.

Hier ist die Welt noch in Ordnung. Ein Lächeln zum Gegenüber, eine kleine Abhandlung über die Erlebnisse des gestrigen Abends und währenddessen wird langsam der PC hochgefahren.

Ein letzter wehmütiger Blick aus dem Fenster und dann wird in die Tasten gehauen.

OK, ich war in einem „spacigen" Viererbüro – in jeder Ecke eine Kollegin, eingeklemmt zwischen Schreibtisch auf der einen Seite und einer riesigen Zeichenmaschine in der Ecke.

Rückwirkend betrachtet perfekt: wir haben schon damals (Anfang der Neunziger Jahre des letzten Jahrhunderts ...) zwischen Sitzen und Stehen gewechselt.

Klimaanlage war kein Thema, denn wir hatten riesige Fenster, die man kippen konnte. Durchzug machen ging auch, hatte allerdings ungünstige Auswirkungen auf unsere Transparente (für Jüngere: ein spezielles, sehr Wärme- und Feuchtigkeitsempfindliches Spezialpapier für Architekten und Designer) Will sagen: die flogen dann davon oder blähten sich auf. Für genaues Zeichnen ein Graus.

Als uns mal eine Hitzewelle heimsuchte, waren wir uns nicht zu schade, einfach einen Eimer kaltes Wasser unter den Tisch zu stellen und unsere Fußrezeptoren darin zu baden. Sehr kostengünstig, einfach zu handhaben und absolut wirkungsvoll. Vor allen Dingen: absolut autark! Sogenannte Frostbeulen und die Hitzewallenden auf der anderen Seite konnten recht entspannt miteinander sein.

Rückzug war mal

Ja, so waren sie, die guten alten Zeiten ... Wir konnten uns hinter Türen und Wandvorlagen verstecken, wenn es uns nicht so gut ging ... oder niemand durch die Glastüre sehen sollte, dass wir schon wieder in dem Büro der Nachbarabteilung standen und uns gegenseitig durch lustige Geschichten aus dem Leben inspirierten und bei Laune hielten.

Das alles ist im open space Großraumbüro nicht mehr ganz so leicht zu realisieren.

Damit es „open" und „spacig" wirkt, sind die Stellwände, die ein wenig Schutz geben, meist nicht höher als 1,20m oder 1,50m. Dahinter können sich nur echte Zwerge verstecken. Alle anderen möglicherweise in gebückter Haltung. Auf Dauer unangenehm. Falls es diese liebevollen Kollegen in der Nähe gibt, die gerne die ihnen nicht zustehende Chefposition einnehmen, kann es auch ausgesprochen peinlich werden. Dann nämlich, wenn ein künstlich grinsender Kopf um die Ecke schaut und die aus dieser Warte ausgesprochen merkwürdig aussehende hockende Position mit „Suchst Du was? Kann ich Dir helfen?" kommentiert.

Da bedarf es keiner Übersetzung, das ist ein klarer psychologischer Tritt vors Knie.

Alternativ kann man sich von Tisch zu Tisch kleine Emails schicken, in denen man sich austauscht und dann verschwörerisch zublinzelt – natürlich nur, wenn keiner guckt (oder man sich einbildet, dass das keiner bemerkt).

Das gibt der Sache den gewissen „Kick" und schafft ein geheimes Miteinander. Hat aber eine ganz andere Qualität (wenn man es überhaupt als Qualität bezeichnen möchte ...) als das lockere und offene Gespräch.

Rückzug ausgeschlossen, Privatsphäre schwierig. Open space will gelernt sein. Vielen über 30-Jährigen macht es eher Angst als Spaß. Es liegt der Geist des „hast Du gesehen, was die gerade wieder gemacht hat?" und „wie der wieder mit den Kunden spricht ..." in der Luft.

Frostbeulen, die modernen Looser

Wie bereits in früheren Kapiteln beschrieben, gibt es Mitarbeiter, denen sehr häufig kalt ist und die anderen ...

Wie bei allen, die ein wenig aus der Masse herausragen, haben auch diese Mitarbeiter es nicht leicht. Es ist bezeichnend, dass der Begriff „Frostbeule" in aller Munde ist und die Beleidigung bereits in sich trägt.

Die Frostbeule ist aber nicht Frostbeule, weil sie das so toll findet, sondern weil ihr inneres Thermometer nicht so wirklich in die hiesigen, mitteleuropäischen Klimabedingungen passt.

Wer einer sogenannten Frostbeule (ich nenne sie jetzt nur so, weil dann jeder eine Vorstellung hat ...) mal die Hand gegeben hat, weiß, woher der Namensteil „Frost" rührt. Denn diese Hand ist eiskalt!

Ich erschrecke mich jedes Mal, weil ich persönlich diesen Zustand meiner Hände nur kenne, wenn ich bei -5 °C die Handschuhe vergessen habe.

Aus der Erinnerung heraus sage ich Dir: das ist nichts, was Du haben möchtest! Wie die Armen (meist handelt es sich um Frauen) überhaupt in der Lage sind, die Finger zu bewegen und die Tastatur zu treffen, ist mir ein Rätsel und an sich schon eine Herausforderung.

Ihnen dann aber auch noch vorzuwerfen, dass sie fühlen was sie fühlen, ist schlichtweg unverschämt und gemein.

Ein anderes Beispiel, das es etwas deutlicher macht:

Wer würde auf den blöden Gedanken kommen, einen Kaktus in den Sumpf zu pflanzen? Oder eine Sumpfpflanze in die Wüste? Ihr schnelles Dahinscheiden ist in beiden Fällen definitiv vorprogrammiert. Weder der Kaktus im Sumpf noch die Sumpfpflanze in der Wüste werden irgendwelche freie Kapazitäten haben, um zu „arbeiten". Ihr ganzes Interesse wird auf das eigene Überleben gerichtet sein.

Also warum stellt man einen großen Teil der eigenen Mitarbeiter „kalt" ???

Selbstbestimmung ade

Tief in unserem Inneren gibt es das Bedürfnis, sich einzurichten: In Situationen, in Wohnungen, in Büros.

Wer einmal Handwerker für länger als ein paar Stunden in sein Haus gelassen hat (liebe Handwerker, ich schätze die meisten von Euch wirklich sehr … also nicht böse sein) wird schnell feststellen, dass sie sich dort im wahrsten Sinne des Wortes „einrichten".

Da ich lange in meiner eigenen Hausbaustelle gewohnt habe, kann ich ein Lied mit sehr vielen Strophen davon singen …

Es fängt an mit den Kaffeetassen, die Du liebevoll reichst und dann nicht immer wiederfindest. Abends gibt es bereits eine Art „Handwerker-Ecke" in Deinem Keller, Deiner Garage oder Deinem Flur. In meinem Fall ging es so weit, dass die Handwerker meinen - gerade von mir sortierten Keller – komplett auf den Kopf gestellt haben, damit IHRE Sachen gut positioniert waren. Von den Dingen, über die ICH im Flur stolperte, reden wir hier lieber erst gar nicht.

Folge: Der Handwerker fühlt sich von Tag zu Tag heimischer. Der meist unfreiwillige Gastgeber von Tag zu Tag eingeengter.

Ich hatte tatsächlich nach einiger Zeit das Gefühl, ich wäre mit jemandem zusammengezogen und hätte es irgendwie gar nicht gemerkt.

Das nur am Rande, damit das Vorurteil, dass sich nur Frauen gerne innenarchitektonisch betätigen, ausgeräumt ist.

Das sind die Fakten. Dieses Bedürfnis stößt im Großraumbüro auf wenig Gegenliebe bei der Firmenleitung, denn – wie wir schon erörtert haben – ein „open space" gewährt den freien Blick … und jedes, absolut jedes „Zuviel" fällt sofort ins Auge. Das ist dem Büroplaner natürlich ebenfalls ein Dorn im Auge und so sorgt er vor: damit der „Space" nicht zu kahl aussieht und Mitarbeiter ihren Einrichtungsdrang dort sofort ausleben (mit nicht absehbaren Folgen für das Gesamtkonzept) wird die Deko (Accessoires) gleich mitgeliefert.

Was nun?

Es gibt Mitarbeiter, denen ist das realtiv egal. Wenn der Laptop, der Kaffeebecher (so erlaubt) und das Smartphone auf dem Tisch liegen, ist alles paletti (Typus Vertriebler).

Weniger aufgeschlossene Menschen finden das keineswegs schnurz. Wo soll das Bild des Liebsten, der Familie, den Freunden denn nun hin? Wo die lustigen Postkarten und all die aufmunternden Sprüche, die sie liebevoll ausgedruckt haben und die ihnen durch den harten Büroalltag helfen?

Wieder ist da so ein inneres Grummeln, á la „ja, sehe ich ja ein, aber ... schnief."
Kleiner Ausweg: Schublade offenstehen lassen und dort – nur für einen selbst sichtbar – platzieren. Mit der Option das Ganze mit einer entschlossenen Handbewegung zuzuschieben, wenn Menschen aus höheren Hierarchien oder die nur angeblich liebevolle hilfsbereite Kollegin mit den süffisanten Bemerkungen vorbeikommen.

Der Jagdinstinkt kommt durch

So viele Menschen auf einer Fläche, entsprechend viele Vorlieben und daraus folgende Untergruppierungen.
Seilschaften werden gebildet. Man vernetzt sich. „Die da oben" kriegen das meist gar nicht mit. Denn die haben oft trotz aller Offenheit doch noch ein Einzelbüro oder zwei ... und natürlich wird hier der eigene Charakter ausgelebt, schließlich sind das ja auch Charaktere: Das Bild vom Lieblingskünstler, eine hübsche Statue, das Bild der Familie im passenden Rahmen. Ein teurer Füller und und und. Hier die Persönlichkeiten und da unten???

Taktische Vorgehensweisen

Da unten werden Terrains abgegrenzt und Besitzstände geklärt. Es werden Absprachen getroffen (mit dem Kollegen, der direkt gegenüber sitzt z.B.) und die anderen werden in „nett" und „doof" sortiert (leicht übertrieben formuliert). Vielleicht auch noch in „geht so". Diese Kategorie ist jedoch eh nicht sonderlich interessant und wird meist links liegen gelassen. Die ersten Heimlichkeiten werden aus der Not heraus installiert: „ich weiß ja, wir sollten eigentlich nicht ... aber."

Merkst Du was? All das nagt unaufhaltsam an den 100% Begeisterung für die Arbeit. Verstehst Du jetzt, warum bei 80 von 100 Mitarbeitern am Ende nur noch 20% der Aufmerksamkeit für die Arbeit übrigbleiben?

Während ich das schreibe, befällt mich der leise Verdacht, dass die 20 Mitarbeiter die „da oben" sind (also in der Führungsebene sitzen), denn die haben diesen Stress nicht. Keine Sorge: die haben ganz andere Herausforderungen zu meistern!

Klimaerwärmung

Sagt Dir der Energieerhaltungssatz etwas? OK.

Kurz gesagt: Grundlage dieses Satzes ist die Erkenntnis, dass Energie nie verloren gehen kann, sie ändert nur ihr Erscheinungsbild.

Zur Verdeutlichung: Die Glühlampe. Sie wird durch die Energie (Strom) gespeist. Dieser Strom verwandelt sich durch die Eigenschaften der Lampe in Licht und Wärme.

Im Büro werden die nach und nach aufgebauten Widerstände immer mehr zu einer inneren Wut. Wut ist eine sehr kraftvolle Energie. Jeder, der einmal wütend war – und wer war das nicht bereits? – kennt es: diese Schweißausbrüche, wenn Du Dich aufregst, das schneller schlagende Herz, die Hektik, diese Wahnsinnskraft. Reibung erzeugt Wärme. Du hast gesehen, hier reibt sich eine ganze Menge: Klimaerwärmung.

Eiszeit

Kaum zu glauben: gleichzeitig herrscht Eiszeit. Zwischen einigen Gruppierungen innerhalb der Bürofläche, in der Kommunikation nach oben, beim Abreagieren des eigenen Frustes nach unten - und in der Kommunikation mit Kunden.

Wie oft durfte ich erstaunt mit anhören, wie sich das Säuseln einer Kollegin während des Kundengespräches in einen lauten Wutausbruch verwandelte, nachdem sie den Telefonhörer wieder in die Gabel geschmissen hatte.

Du glaubst doch nicht ernsthaft, dass Dein Kunde die Zwischentöne nicht bemerkt? Schon vergessen: der „doofe, ignorante, unverschämte ..." Kunde, ist der Grund, warum Du eine Arbeit und ein damit verbundenes Gehalt hast.

Wenn Du Deine Firma von all den lästigen Kunden befreist, wirst Du zwar kurzzeitig in einer wunderbaren Ruhe leben, langfristig jedoch sicherlich schön zu Hause - ohne Arbeit und Bezahlung - landen.

Dürre

Die meisten Mitarbeiter sind kein Kaktus. Beobachte ich da gerade, dass ein verständnisvolles Grinsen Dein Gesicht erhellt?

Ja, bei manchen kann man sich da nicht so sicher sein... sie essen nichts, trinken nichts und kommen ziemlich stachelig daher.

Die lassen wir jetzt mal außen vor.

Du bist zum Glück ein ganz anderer Typ. Du hast es nicht leicht und die Klimaanlage – die zwangsläufig in einem so großen Raum installiert worden ist – hat es auch nicht leicht.

Sie kann nicht dort warm und dort kalt sein, denn alle Lüftungsrohre sind miteinander verbunden, es gibt nur eine Temperatur, einen Daseinszustand.

Zudem ist sie nicht die Schnellste. Wie sollte sie auch? Die Luft in ihren Röhren hat weite Wege zu absolvieren. Bis die komplette Raumluft einmal umgewälzt ist, dauert es schon seine Zeit.

Dumm, wenn man ihr diese Zeit nicht gibt.

Hat sie sich gerade auf die eingestellten 22°C eingestellt, schleicht Kollege Hitze herbei und dreht auf 18°C runter.

Alle Systeme zurück. So wird das nichts.

Zudem gibt es eine andere Herausforderung: die Luftfeuchtigkeit.

Mit der herrschenden Technik ist es fast unmöglich, Räume dieser Größenordnung auf mehr als 20 - 30% Luftfeuchtigkeit zu bringen.

Da Du, wie wir am Anfang dieses Abschnittes einhellig festgestellt haben, kein Kaktus bist, hast Du ein Problem, also eine Herausforderung. Macht es auch nicht besser, denn Du trocknest sichtbar aus: faltige dünne Haut, kratzende Augen … wir hatten das alles ja schon besprochen. Hilfe!!!

Dünnhäutigkeit

Ein sehr unangenehmer Zustand. Da ist keine Möglichkeit, etwas abzufedern. Besonders ungünstig, weil es so viele Dinge gibt, die Du abfedern musst. Wie sollst Du Dich sonst auf Deine Arbeit konzentrieren?

Fakten schaffen ist wieder angesagt. Bedeutet: Messgerät anschaffen oder leihen und die Luftfeuchtigkeit messen. Sei nicht enttäuscht, wenn man Dich eines nicht funktionierenden Messgerätes und des „Sich Anstellens" bezichtigt, wenn Du Deine Ergebnisse präsentierst. Die Wahrheit ist oft schwer zu verkraften. Da bilden Deine Vorgesetzten selten eine Ausnahme.

Die Sache ist nämlich die: sie haben keine Lösung, keine Alternativen. Vielleicht auch Angst, dass die Lösung sehr sehr teuer ist. Mag sein. Die Lösung kostet aber einmal, Deine nicht geschaffte, nicht zu leistende Arbeit (weil Du in vielerlei Hinsicht ums Überleben kämpfst) kostet täglich „X"… Kosten ohne Ende. Die berechnet aber keiner. Du bist ja da, sichtbar und anwesend. Was soll man denn da berechnen?

Herausforderungen ohne Ende

Ich gestehe, das ist alles nur der Anfang. Wie Du in den ersten Kapiteln gemerkt hast, setzt sich ab einem bestimmten Punkt eine Lawine in Gang. Ist es erst einmal so weit, ist sie kaum noch aufzuhalten. Wer stellt sich schon freiwillig gegen den Strom? Mitschwimmen ist gewöhnlich deutlich leichter ... mit ungewissem Ausgang.

Ich finde es wichtig, sich den Tatsachen zu stellen. Erst einmal gucken, was denn der Status Quo ist. Miteinander reden, Erfahrungen austauschen und nach Lösungen suchen.

Also los geht's. Du kennst das ja schon.

Wem geht es genauso wie Dir?

_____

Was nervt Euch am meisten?

_____

Wie empfinden Deine Kollegen das?

_____

Wie geht Ihr damit um?

_____

Was meint Ihr, könnt Ihr ändern?

_____

Was sind die 3 Hauptpunkte?

_____

Wie viele Gruppierungen habt Ihr in eurer Abteilung?

_____

Wo ist die Schnittmenge der Meinungen?

_____

Habt Ihr vielleicht sogar identische Ziele?

_____

Was hat bislang dagegen gesprochen, sie umzusetzen?

_____

Gibst es möglicherweise Unterstützung aus der Chefetage?

_____

Gebt Ihr euren Chefs die Chance, Euch zu helfen?

_____

Welche Infos fehlen euren Chefs, um die Lage besser zu bewerten?

_____

Wann fangt Ihr an, euch auf den Weg zu machen und eure Situation zu verbessern?

_____

Wie kann die Lösung aussehen?

Wenn es so einfach wäre ... Die Lösung sieht etwas anders aus, als viele sie gerne hätten ...

Es ist etwas mehr erforderlich, als einmal zu gucken und dann Schwupps die Wupps etwas aus der Schublade zu zaubern.

Zudem sieht die Lösung oft anders aus, als man anfangs denkt.

Seit einigen Jahren (OK Jahrzehnten ...) finde ich Lösungen im Miteinander, im offenen, kreativen, und vor allem ehrlichen Gespräch.

Das führt dazu, dass - bei entsprechendem gegenseitigen Vertrauen – Dinge auf den Tisch kommen, die bislang unter dem Teppich lagen.

Ja, ich grinse auch gerade. Der Vergleich trifft es einfach ziemlich gut.

Die Fakten, die keiner sehen will, die Ängste, Vorbehalte und das latente Unwohlsein, alles, was bislang mit Füßen getreten wurde, muss auf den Tisch.

Das kostet Überwindung.

Leicht kann jeder. Auf der anderen Seite: wohin hat Dich „leicht" gebracht?

112

Wie war das noch gleich mit den Magenschmerzen, dem Zähneknirschen, den „Trösterchen", dem Herzrasen, ... der Ohnmacht? Schon vergessen?

Bislang sind sie alle noch da. Klar, Du hast Dich daran gewöhnt. „Ist halt so", „geht eben nicht anders ...". Ich denke, wir alle kennen diese Aussprüche. Wir zucken einmal mit den Schultern, gucken kurz betreten und machen dann genauso weiter wie bisher.

Damit Du Dich ein bisschen annäherst: Heb doch mal den Zipfel des Teppichs hoch ... na, was verbirgt sich da alles?

Mutmacher Deko

Was soll das denn jetzt sein?

Nun, dreh dieses Buch doch einmal um und schau Dir das Titelbild an...

Musst Du nicht auch grinsen, wenn Dich dieses Schaf so anschaut? Ganz unter uns: warum hast Du Dir dieses Buch gekauft? Vielleicht, weil Dir das Schaf schon von Weitem tief in die Augen geschaut hat? Ist es nicht super niedlich?

Was meinst Du, welche Reaktion(en) würden Deine Kollegen zeigen, wenn Sie bei Dir vorbeigehen und sie unvermittelt dem Schaf in die Augen schauen?

Würde das nicht Euer aller Stimmung heben? Das Schaf als Lichtblick, als Initiator, bei Dir am Schreibtisch stehen zu bleiben. Gemeinsam Spaß zu haben und aus der trüben Stimmung herauszukommen – hinein in die Freude. Auf einmal sprudeln die Ideen wieder, Ihr traut Euch, verrücktere Gedanken zu denken, Ihr stachelt Euch an und habt richtig Spaß: Miteinander! Das Schaf als Muntermacher, als Stimmungsregler.

Probiere es einfach mal aus!

Alternativ lass Deine Gedanken doch einmal schweifen. Warst Du in letzter Zeit im Urlaub? Was hat Dir dort besonders gut gefallen? Hast Du etwas, das Dich täglich an die tollen Dinge, die Du dort erlebt und unternommen hast, erinnert?

Vielleicht ein kleines handliches Erinnerungsstück? Verdrehen sich Deine Augen in wildem Entzücken, wenn Du es ansiehst?

Hey, herzlichen Glückwunsch. Du hast Deine „Mutmacher-Deko" gefunden!

Mut zur Erinnerung

Wieso Mut? Nun, manchmal braucht es eben Mut, um sich zu erinnern. Denn unter Umständen kommt der Wunsch auf, genau an diesen Ort, zu diesem Zeitpunkt, mit diesen Menschen zurückzukehren.

Das kann wehmütig machen, ein wenig traurig.

Das Leben lässt sich nun mal nicht zurückdrehen. Was aber funktioniert, ist, sich wieder in den schönen Moment fallen zu lassen und komplett in der damaligen Stimmung zu sein. Genau darum geht es: sich in eine gute, eine wunderbare Stimmung zu bringen.

Also fang gleich damit an! Dir geht es gerade nicht so gut? Du bist so schlapp und müde? Nun, genau und gerade dann ist es so wichtig, Deine Stimmungslage zu verändern.

Wie soll das jetzt gehen?

Entspanne Dich, optimaler Weise suche Dir einen ruhigen, ungestörten Ort … im Notfall den gewissen Ort … und atme tief ein und aus. Schließe die Augen, erinnere Dich an den schönsten Moment, der Dir einfällt. Geh durch jede Kleinigkeit und fühle, spüre jede Körperzelle. Dort liegt jede Erinnerung. Du kannst sie wieder herauskitzeln. Spürst Du die Freude, die wieder hochkommt? Die Momente, die Du schon fast vergessen hattest?

Genau das ist das Ziel! Lächelst Du? Spürst Du, wie Dein inneres Glück sich in Dir ausbreitet? Super! Dieses Gefühl behältst Du bei. Wenn Du jemanden in der Abteilung oder Firma hast, dem Du von diesem Moment erzählen kannst, prima. Vielleicht erinnert er sich durch Dich angeregt ebenfalls an schöne Momente in seinem Leben und Ihr könnt Euch austauschen. Wäre das was? Wunderbar!

Jetzt überlege, welcher Gegenstand dieses Gefühl für Dich symbolisiert.

Dieser Gegenstand ist Deine „Mutmacher-Deko".

Wohin

Ja, wohin damit? Nun, das hängt natürlich von der Größe des Gegenstandes ab. Ich hoffe, er ist transportabel. Er sollte auf jeden Fall so auf oder neben Deinem Schreibtisch stehen, dass Du ihn sehen kannst. Falls dort nichts stehen darf, denk Dir einen anderen Ort aus. Vielleicht eine Schublade, in die Du schauen kannst, wenn Du einen positiven Anstoß benötigst?

Nun, vielleicht reicht mit der Zeit ja schon das Wissen, dass er da ist. Dein „Mutmacher-Gegenstand", das süße kleine Ding, das Dich an die richtig schönen Stunden in Deinem Leben erinnert.

Diese gute Stimmung benötigst Du, damit Du in Zeiten, in denen nicht so viel geht, wieder Hoffnung und vor allem Kraft und gute Laune hast. Die bringen Dich auf ein hohes Energielevel. Von dort aus werden Dinge funktionieren, die vorher zu schwer waren.

Probiere es aus!

Was sagen die anderen?

Warte es einfach ab. Ziel ist es ja, dass die anderen etwas sagen, dass Ihr ins Gespräch kommt. Vielleicht sind sie Dir ja dankbar, dass Du den Anfang gemacht hast, weil auch sie schon lange so eine „Mutmacher-Deko" aufstellen wollten, sich aber nicht getraut haben. Vielleicht setzt Du ja eine kleine Bewegung in Gang. Stell Dir nur einmal vor, wie toll es ist, wenn Ihr Euch all die Geschichten erzählt, die Ihr erlebt habt. Welche Freude und Ausgelassenheit sich dann einstellen könnte. So viele tolle Erlebnisse und Erfahrungen. Ich bin sicher, Du wirst Deine Kollegen von einer ganz anderen Seite kennenlernen. Viel persönlicher, vielleicht sogar verletzlicher, auf jeden Fall menschlicher. Das schafft Nähe und Vertrauen.

Ihr tauscht Euch jetzt vielleicht häufiger aus und lacht miteinander. Besser geht's nicht.

Ist das nicht furchtbar peinlich?

Nun, peinlich oder nicht, ist das so wichtig? Peinlich ist für jeden etwas anderes. Also frage Dich doch erst einmal, was Dir peinlich ist. Und was das Wort für Dich überhaupt bedeutet?

Was wäre das Schlimmste, das Dir passieren könnte? Wäre das wirklich so schlimm?

Wie ist die Alternative? Genau: es bleibt wie es ist. Das wäre doch noch viel schlimmer als etwas Peinliches, meinst Du nicht auch?

Wie wäre es mit einem Test?

Was soll Dir groß passieren? Mach doch einfach mal einen Deal mit Dir: Du stellst Deine „Mutmacher-Deko" einen Tag auf Deinen Tisch oder zumindest in die Nähe Deines Tisches. Dann wartest Du ab.

Guck Dir genau die Blicke der anderen an. Siehst Du ein kleines Aufblitzen? Ein Lächeln, macht jemand eine Bemerkung?

Bleib locker, es ist doch toll, wenn Ihr wieder ins Gespräch kommt.

Das ist der Sinn der Aktion und die gute beschwingte Laune natürlich.

Du wirst sehen, Du wirst mit der Zeit lockerer werden und nach den ersten guten Begegnungen wahrscheinlich mutiger. Wechsele dann mal und guck, wie die Reaktionen sind.

Nun, wie sind Deine Erfahrungen?

Ist wirklich etwas ganz Schlimmes passiert? – OK, ich mache Spaß …

Jetzt im Ernst, so schlimm war es doch auch nicht - oder? Vielleicht sogar ganz toll?

- ∞ Wie viele Gespräche sind zustande gekommen?
- ∞ Wie hast Du Dich dabei gefühlt?
- ∞ Werdet Ihr Euch wieder zum Quatschen treffen?
- ∞ Hast Du das Gefühl, Deine Kollegen nun etwas besser zu kennen?

- ∞ Meinst Du, die nächste Kontaktaufnahme wird leichter werden?
- ∞ Wer ist Dein neuer Lieblingskollege?
- ∞ Hat noch jemand sein liebstes Erinnerungsstück mit ins Büro gebracht?
- ∞ Kommen die anderen jetzt viel häufiger bei Dir vorbei?
- ∞ Konntest Du neue Kontakte zu anderen Abteilungen aufbauen?
- ∞ Traust Du Dich jetzt, mal ein wenig die Firma zu erkunden und andere zu besuchen?
- ∞ Wie fühlst Du Dich jetzt?
- ∞ Lächelst Du wieder?

Trampelpfade etablieren

Das war erst der erste Schritt. Damit neue Wege entstehen, ist es wichtig, immer wieder denselben Trampelpfad zu benutzen. Immer und immer wieder bis er breiter und bequemer und immer deutlicher zu sehen ist.

Das dauert ein wenig. Gib nicht auf, auch wenn es vielleicht zwischendurch mal mühsam ist und Du nicht weiterweißt.

Halte durch, Du wirst sehen, es wird jedes Mal etwas leichter werden. Auf einmal ist der Weg breit genug, um ihn zusammen zu gehen. Irgendwann sogar mit einem ganzen Trupp. Spürst Du, wie da wieder Bewegung in Dich und Dein Umfeld kommt? Bemerkst Du den Energieanstieg?

Prima, das ist der richtige Weg.

Das Glitzern in den Augen neu entdecken

Guck mal genauer hin. Siehst Du es? Das Glitzern in den Augen? Siehst Du, wie sie sprühen vor Lebensfreude? Wie es lacht und blitzt? Dieses Strahlen, diese Freude. Ist das nicht wunderbar nach all den Zeiten der Langeweile und Quälerei?

Neue Freundschaften

Ja, es werden neue Freundschaften entstehen. Sei nicht ungeduldig, all das braucht ein wenig Zeit. Ihr müsst erst Vertrauen zueinander aufbauen. Es besteht kein Grund zur Eile. Genieße es. Jeden Tag ein kleines Stückchen mehr. Eine weitere kleine Geschichte oder Anekdote, die Ihr Euch erzählt habt. Ein Lachen mehr, das Ihr geteilt habt. Du wirst sehen, es wird sich entwickeln. Ganz natürlich.

Stimmungsregler einschalten

Wichtig ist, dass Du nach und nach die Kontrolle über Deine Stimmung gewinnst. Du wirst sehen, bald merkst Du immer besser, wenn die Abwärtsspirale beginnt, wenn alles auf einmal energetisch nach unten geht und der Trübsinn wieder einsetzt.

Warte nicht zu lange, sonst ist Dein Energielevel schon zu weit unten. Wenn Du merkst, wie es abwärts geht, greif schnell ein. Geh sofort zu Deiner „Mutmacher-Deko", versenke Dich in eine Situation, die schön für Dich war und schlendere direkt zu einem anderen Mitarbeiter, um Dich mit ihm auszutauschen.

Dem Trübsinn keine Chance!!!

Natürlich werden immer wieder Rückfälle und schlechte Tage kommen. Das ist doch nicht schlimm. Sei einfach wachsam, damit Du nicht wieder in den alten Trott fällst, denn das wäre fatal.

Vielleicht hilft Dir ein Bild: ein Fahrzeug erst einmal in Gang zu bekommen, ist recht anstrengend. Irgendwann kommt dieser eine Punkt, von dem an es deutlich leichter geht. Dann reicht ein leichter Schubs, um neue Geschwindigkeit aufzunehmen. Fast ohne Kraftaufwand.

Wenn Du das Fahrzeug sofort leicht anschubst, wenn es nur ein wenig an Geschwindigkeit verloren hat, wird es einfach sein, weil es noch rollt.

Wenn es aber schon fast wieder zum Stillstand gekommen ist, wird es eine Heidenarbeit sein. Darum achte darauf, im Fluss zu bleiben. Das ist leicht und schön. Befreiend. Greife früh ein, früh genug, damit es ganz leicht ist, wieder in die gute Energie zu kommen.

Der Same geht auf

Nach ein paar Tagen, vielleicht auch erst nach Wochen, wird sich das Bild und das Klima in Deiner Abteilung schon deutlich geändert haben.

Ihr redet wieder miteinander. Genau: MITEINANDER und nicht übereinander! Das ist ein sehr großer Unterschied.

Ist es nicht viel schöner, gute Erinnerungen und Erlebnisse zu teilen? Viel besser als immer irgendjemanden auf dem Kieker zu haben, jede seiner Bewegungen zu beobachten und nur das Schlechte zu sehen? Irgendwie immer in einer Art Lauerstellung zu sein?

Spürst Du, wie der positive Samen, den Du gesät hast, wächst und gedeiht? Wie immer mehr Kollegen zum Klönen vorbeikommen?

Gibt es vielleicht schon Kollegen aus anderen Abteilungen, die nun „rein zufällig" bei Euch vorbeischlendern, weil dort immer so gute Stimmung ist? Perfekt, so soll es sein!

Ich bin stolz auf Dich

Ich finde es so schön und erleichternd, dass da wieder so viel von der richtig guten Stimmung im Büro ist. Es ist so wichtig, dass Ihr wieder miteinander redet und sich nicht jeder nur in seiner schlechten Stimmung vergräbt.

Helft Euch, wo Ihr könnt. Ihr werdet sehen: es wird Euch allen guttun!

Nachdem das Fundament gelegt ist, können wir darauf aufbauen.

Im nächsten Kapitel zeige ich Dir, was Du noch tun kannst, um schnell wieder voller Energie zu sein und Dich stark und kompetent zu fühlen. Beides sind wichtige Voraussetzungen, um einen richtig guten Job zu machen.

Embodyment –
Im Außen wie im Innen

„Schon wieder so ein Wort, das ich nicht verstehe", denkst Du vielleicht. Keine Panik, das können wir ja schnell ändern.

Body ist der Körper, Embodyment beschreibt die Verkörperung von Gefühlen.

Wie jetzt?

Alles was wir denken und fühlen, drücken wir mit unserem Körper aus.

Ich gebe Dir ein Beispiel: Versetze Dich einmal in eine schlechte Stimmung, denk an etwas, das Dich niedergeschmettert hat. Fühle die Verzweiflung, die Ratlosigkeit, den Schmerz. Wenn Du ganz tief in diesem Gefühl bist, wirst Du merken, dass Deine Körperhaltung sich automatisch verändert. Bei so einem schlechten, unangenehmen Gefühl, wird Deine Energie nach unten ziehen. Deine Schultern fallen nach vorne, der Kopf neigt sich. Vielleicht kippt auch Dein ganzer Körper nach vorne. Du fühlst Dich schlapp. Im wahrsten Sinne des Wortes „nieder-ge-schlagen".

Test

Wir machen noch einen weiteren Test, damit Dir das Ausmaß klar wird. Neige Dich mit Deinem Oberkörper ganz weit nach vorne, lass alles los. Lass Deinen Kopf hängen, löse alle Muskeln. Sei einfach in allem schlapp.

Jetzt sage laut und begeistert: „Mir geht es super!"

Merkst Du was? Dein „mir geht es super" klingt eher wie ein gequältes „ja, ich lebe gerade noch so."

Woran liegt das?

Nun, Deine Haltung symbolisiert Deinem Gehirn, dass etwas nicht stimmt, Du kraftlos bist, müde, erledigt. Dann werden alle Körperfunktionen runter gefahren, damit Du Dich erholen kannst. Wilde Arbeitseinsätze sind so unmöglich. Fröhliche Ausrufe, die besagen, dass es Dir super geht, auch.

Test 2

Jetzt machen wir das Ganze mal anders herum. Das Fantastische am Embodyment ist nämlich, dass es in beide Richtungen funktioniert.

Also los:

Du denkst jetzt an etwas ganz Tolles. Ein super spritziges lebhaftes Erlebnis, das Dich mit Begeisterung erfüllt. Geh richtig rein. Jubele innerlich, spring Deinen Freunden (im Geiste) um den Hals, sing Eure Lieder, jubiliere.

Stopp!

Jetzt sieh Dich an und spüre in Dich! Fällt Dir auf, dass Du Dich gereckt und gestreckt hast?

Du wirst jetzt viel aufrechter sitzen, vielleicht bist Du sogar aufgesprungen. Der Kopf wird nicht mehr nach unten gehen, sondern eher forsch geradeaus blicken.

Ist die Kraft in Dir nicht ein wunderbares Gefühl?

Merkst Du Deine angespannte Muskulatur? Spürst Du Dein Blut pulsieren? Die gestiegene Stimmung lässt alles fließen! Durch den schnelleren Blutfluss wird es Dir wärmer werden. Die Muskeln werden weicher, dehnbarer. Du fühlst Dich richtig gut.

Nochmal zurück

So, nur um den gewaltigen Unterschied noch einmal zu spüren: Beug Dich noch einmal nach vorne und lass Dich fallen. Spürst Du, wie Deine tolle Energie sich wieder ein wenig verflüchtigt?

Wie Du „runterkommst?" Schnell wieder hoch, denn unser Ziel ist es ja, dass

Du Energie geladen und positiv gestimmt bist.

Und jetzt noch einmal runter ... Das hält fit ... hihi. Spaß beiseite, wobei:
Warum eigentlich?
Quatsch: „Her mit dem Spaß."
Probiere Dich einfach aus.

Jetzt erst recht
Übung macht den Meister – und die Meisterin.
Also los! Probiere das Zusammenspiel von Deinem Körper und Deinem Geist
noch einmal aus!

Stell Dich auf die Zehenspitzen. Merkst Du, wie anders Dein Empfinden ist?
Wie wichtig und mächtig Du Dich fühlst?
OK, wenn Du die entsprechende Körperspannung beherrscht. Nun, die kann
man ja lernen und vor allem stetig üben.

Du bist umgekippt oder kommst gar nicht bis auf die Zehenspitzen?
Tsss, tsss, da ist dann aber eindeutig Übungsbedarf.
Nun, wenn Du nicht sicher in der Mitte stehst, sondern torkelst, dann bist
Du tatsächlich „aus Deiner Mitte" also im Ungleichgewicht. Da muss sich
etwas ändern, Du willst ja sicher nicht durchs Leben torkeln ...

Probier' Dich aus
Denk an etwas. Eine Stimmung Deiner Wahl. Konzentriere Dich voll darauf
und dann schau in den Spiegel – ohne Deine Mimik und Körperhaltung zu
ändern. Noch besser: macht es miteinander und als Spiel. Jeder fotografiert
den anderen als Spiegelung der eigenen Gedanken und zum Gegencheck.
Dadurch kannst Du sehen, wie Dich die anderen sehen. Ja, das kann ziemlich
ernüchternd, sogar sehr erschreckend sein.

Einer geht noch

So, nun bist Du – seid Ihr – warmgelaufen.

Jetzt treiben wir es auf die Spitze und zeigen Dir – und den anderen – wie Ihr auf Eure Mitmenschen wirkt, wenn …

Fang mit der positiven Stimmung an:

- Stell Dir eine schöne Situation vor, lächele
- Bleib so, lass Deine Kollegen ein Foto machen, oder zwei oder drei
- Nun denke an den Kollegen, den Du am wenigsten leiden kannst. Geh richtig rein in dieses Gefühl. Ja, genau so.
- *Und Foto!*
- jetzt der Groll gegen Deinen Chef. Prima!
- *Schwupps, Foto!*
- Eifersucht auf eine andere Kollegin, die immer alles genehmigt kriegt. Fühlst Du es?
- *Yes, Foto.*
- Hunger kurz vor der Mittagspause. Knurrt Dein Magen? Prima!
- *Und Foto.*
- Sehnsucht am Abend. Deine Freundin wartet auf Dich und Du musst noch eine Arbeit fertigstellen … Schrecklich, echt Sch …
- *Super!!! Und Foto.*
- Stell Dir das Gesicht Deiner Frau vor, wenn Du schon wieder viel zu spät nach Hause kommst … genau!
- *Schwupps Foto.*

Ich denke, Du hast das System verstanden!

Guck Dir die Fotos von Dir in verschiedenen Stimmungen jetzt mal genau an! Tu so, als ob Du diesen Menschen noch nie vorher gesehen hättest.

Was fühlst Du? Wie würdest Du diesem Menschen in den einzelnen

Situationen begegnen?

Verstehst Du jetzt, warum Deine Kollegen manchmal so komisch reagieren und warum sie zu anderen Zeiten hellauf von Dir begeistert sind? Würdest Du Dich nicht auch so verhalten, wenn dieser Typ Mensch da auf Dich zukäme?

Genau!

Du bist Herr oder Herrin, wie die anderen Dir begegnen! Mit Deiner Stimmung. Du hast die Kontrolle, die anderen reagieren nur auf Deine Ausstrahlung.

Harter Tobak, nicht wahr?

Schockschwerenot

Vielleicht denkst Du jetzt: „das kann doch nicht wahr sein ..." nun, das Foto beweist das Gegenteil.

Oder Du erkennst: „Ach deshalb haben die immer so komisch reagiert ...." Und empfindest es als Erlösung.

Verdaue das Gelernte erst einmal bevor Du weiterliest. Mit etwas Glück habt Ihr alle jetzt sehr viel Spaß gehabt. Eins ist sicher: Ihr werdet das nie wieder vergessen. Das ist gut so!

Wie komme ich da raus?

Nun, das bist Du ja schon so gut wie. Gefahr erkannt, Gefahr gebannt – erinnerst Du Dich? Behalte es einfach im Hinterkopf. Alle unsere Gefühle sind in der Körperstruktur gespeichert. Was immer Du denkst und fühlst, sieht man Dir an, genauso wie Du es anderen Menschen ansiehst.

Hast Du einen Lieblingsfilm mit einem Lieblingshelden, der Deine Lieblingseigenschaften verkörpert? Prima!

Dann ahme einfach seine Körperhaltung nach und Du wirst spüren, was er spürt. Es ist unglaublich faszinierend und ausgesprochen hilfreich.

Wo trainiere ich meine Ausstrahlung?

Auf der Straße! Ja, das meine ich vollkommen ernst.

Geh durch die Einkaufsstraße, dort, wo besonders viele Menschen sind. Jetzt kannst Du die Körperhaltungen testen, die Du anhand Deiner Filmhelden geübt hast. Geh offen durch die Straße, guck den Entgegenkommenden ins Gesicht. Alternativ schleiche durch die Menschenmassen. Wirst Du nun umgerannt? Nimmt man Dich ernst? Oder machen andere Dir den Weg frei? Genau: So wird es auch bei Dir in der Firma sein. Ist das cool oder ist das cool?

Inspiration

Du bist nun schon viel sicherer. Jetzt kannst Du in der eigenen Firma üben. Ganz egal, ob Du der Chef oder der Mitarbeiter bist. Es gibt viele Schnittmengen und Gemeinsamkeiten. Vielleicht sind sie Euch einfach noch nicht bewusst.

Beobachte Deine Kollegen, die Chefs, die Mitarbeiter, die Besucher. Beginnst Du zu erkennen, welche Stellung ein Besucher hat? Ist er auf Chefebene oder ist es jemand, der einen Dienst anbietet?

Welche Menschen beeindrucken Dich am meisten? Was kannst Du von Ihnen lernen? Hör auf mit den „Neid-Gedanken", gehe es positiv an. Wer etwas kann, was Dich begeistert, ist von nun an Dein Lehrer. Wenn Du mutig bist, sprich ihn einfach an, mach ihm ein Kompliment für das, was Dich so begeistert.

Sicherheit

Merkst Du, wie viel leichter es geworden ist? Prima. Je selbstbewusster Du bist, umso einfacher wird Dein Leben, nicht nur in der Firma, sein. Teste es immer wieder aus, beobachte die Reaktionen Deiner Mitmenschen. Viel Spaß dabei!

Für welche Haltung entscheidest Du Dich?

Es liegt an Dir! Möchtest Du ein ernstzunehmender Mensch sein oder Dich lieber unter den Teppich kehren. Deine Entscheidung. Es wird Folgen haben. Keine Sorge, nichts ist in Stein gemeißelt. Wenn es Dir Spaß macht, dann wechsele einfach zwischen den verschiedenen Positionen.

Macht es einen Unterschied?

Ich glaube, die Frage erübrigt sich inzwischen –, oder? Ja, natürlich macht es einen Unterschied. Du zeigst den anderen, ob bewusst oder unbewusst, wie es Dir geht. Du „markierst den starken Mann/ die starke Frau" oder „den hilfsbedürftigen Mitarbeiter". Warum nicht? Keiner ist an jedem Tag gleich gut drauf:

Mal ist es schön, wenn Dir jemand hilft, an einem anderen Tag kannst Du anderen helfen. Darum geht es doch: um das MITEINANDER.

Was sagen die anderen?

Mit Sicherheit haben sie Deine Veränderung bemerkt.

Finden sie es gut oder macht es ihnen Angst? Sind sie interessiert oder eher abweisend? Letztlich sollte das nicht entscheiden, wie Du Dich verhältst.

DU findest Deinen eigenen Weg.

DU bist sichtbar.

DU bist greifbar.

DU bist menschlich.

Einfach klasse!

Ich gratuliere Dir von Herzen dazu!

An die Chefs:

Ist das nicht toll, welchen Einsatz die Menschen in Deiner Firma zeigen?
Ich hoffe, Du hast mit gemacht - und die ganze Führungsetage ebenso!
Sei Dir nicht zu schade dazu!

„Wie der Herr so das Gescherr"

Vergiss das nie! Warum sollten Deine Mitarbeiter aktiv werden, wenn Du nur am Rand stehst und zuguckst? Du bist der Held der Firma, das Aushängeschild, die Vorhut und eben der CHEF.

Geh mit gutem Beispiel voran. Wenn Du ein „echter Kerl" oder die „super tolle Chefin" bist, dann fällt Dir dabei kein Zacken aus der Krone und niemand wird sich über Dich lustig machen. Ganz im Gegenteil: sie werden Dir Respekt zeugen und sich freuen, dass sie bei Dir so gut aufgehoben sind.

Gleichklang

Nein, wir sind noch nicht durch! Jetzt geht es erst so richtig los!
Hast Du etwa gedacht, dass ich mich nur mit den normalen Dingen befasse, Euch ein paar schicke Möbel hinstelle, die Wand schön spachteln lasse und schon seid Ihr alle glücklich und habt Euch ganz doll lieb?

Nein, so einfach ist es nicht. Warum solltet Ihr dann mich – und mein Schaf – holen?

Das Leben ist nicht geradlinig. Es gibt Kurven, Abzweigungen, Knotenpunkte und eine ganze Menge Chaos.

Die modernen Gebäude und Techniken versuchen, Ordnung in dieses Chaos zu bringen, es greifbar und handhabbar zu machen.

Vielleicht gelingt es auch in vielen Bereichen. Wir Menschen bestehen aber aus so viel mehr als nur aus Ordnung und klaren Strukturen.
Schau Dich einmal in der Natur um, was genau ist dort wirklich eckig?
Also von Natur aus eckig?
Vielleicht ein paar Felsen, das war's dann aber auch schon.

Das Leben ist amorph, rund und geschwungen

Nimm doch mal zum Spaß einen Füller in die Hand und fange an zu schreiben. Wenn Du lange nicht geschrieben hast, gibt Dir etwas Zeit.
Merkst Du, wie Deine Hand anfängt, sich immer leichter zu bewegen?
Bewegt sie sich in einer strikten geraden Linie oder doch eher in einer Art Bogen, einer Kurve?

Schließe doch einmal die Augen. Denke an was auch immer Du denken magst, was Dir gerade in den Sinn kommt.
Hast Du's? OK, super Frage, Du hast ja die Augen geschlossen ... Nun, deshalb gibt es das „Schaf" auch als Hörbuch.
Ok, dann ließ es vorher, mach dann die Augen zu und zeichne (oh, das war dann wohl eine Freud'sche Fehlleistung – schreibe, wollte ich schreiben)
Letztlich ist es doch völlig egal. Natürlich kannst Du auch mit dem Füller zeichnen, was Dir in den Sinn kommt. Von mir aus auch mit offenen Augen.
Nun, wie bewegt sich Dein Arm? Was löst es in Dir aus?
Fühlst Du die Freude, die sich in Dir ausbreitet?
Erinnerst Du Dich an das Kapitel zum Thema „Embodyment?" Das hier hat sehr viel damit zu tun.

Wie ist Dein „Strich"?

Strich? Nun, so nennen wir künstlerisch tätigen Menschen, das was uns so speziell macht: die besondere Art einen Strich zu zeichnen. Den Schwung, den dieser Strich hat. Die Richtung, die er annimmt: nach oben oder nach unten? Ist er leichtfüßig oder eher mühsam.

Du ahnst es schon: auch und genau das sagt die Welt über Dich aus!
Über Deinen Charakter, über die Art, wie Du die Welt siehst.
Schreibst Du schnell oder langsam? Beschwingt oder trübe. Hast Du gute Laune und viel Energie oder dümpelst Du gerade nur so herum?

Die Tastatur und die Energie, die wir aufwenden, um in die „Tasten zu hauen" (das rührt wohl noch von den alten maschinellen Schreibmaschinen her) kann das niemals ersetzen. Da ist kein Schwung, keine Eleganz, nur Klappern auf der Stelle.
Eingeengte Schultern und Arme, die in steifer Haltung vor dem PC oder Laptop hängen. Keinerlei Bewegung zur Seite denn dann würden Deine Finger von der Tastatur fallen.

Damals

Ich erinnere mich noch sehr gut an den Tag, an dem ich beim Ausmisten meine Studienmappe gefunden habe.
An diesem Tag hat sich für mich die Welt geändert.
Mir war gar nicht mehr bewußt gewesen, wie vielfältig mein Studium war. Wir haben (von Hand) gezeichnet, skizziert und „geskribbelt". Haben Modelle gebaut, in der Tischlerwerkstatt gesägt und gefeilt. Bei einem wunderbaren ausdrucksstarken Bildhauer mit Ton modelliert und geformt. Stundenlang wurden Farbstreifen gemalt, Muster mit allen möglichen Materialien geformt. Haptik geübt, Reliefs erzeugt, geklebt, genagelt und getackert.

All diese körperlichen Bewegungen regen den Geist an. Das Auge sieht neue Zusammenhänge in all den Formen, Farben und Linien. Es war verboten, etwas weg zu radieren, denn es war wichtig, um neue Wege zu erkennen, sich über den Tellerrand hinaus zu bewegen.

Wir haben gerochen: den Ton, das gesägte Holz, die Farben.

Wir haben gefühlt: die Konsistenz des Tones, die Kühle des Metalls, das weiche Papier.

Und heute: ist nur eine Maus, eine Tastatur und ein oder mehrere Monitore übriggeblieben.

Ich war fast schon depressiv, nachdem ich meine Mappe geöffnet hatte und die Schätze darin gesehen habe.

Was ist von all dem Reichtum übriggeblieben?

Was regt meinen Geist, meinen Ideenreichtum denn jetzt noch an?

Wann habe ich denn zwischen all den Vorgaben noch Zeit, mich inspirieren zu lassen, entspannt durch den Garten zu gehen?

Was bleibt, wenn mir all dies verwehrt bleibt?

Nun, was ist für Dich übriggeblieben?

Was regt Dich an, macht Dich lebendig, hilft Dir, neue Wege zu erkennen, andere Lösungen zu finden als die Gewohnten?

Lebst Du nicht auch in der Welt des „Copy & Paste"?

Du wiederholst immer dieselben Vorgänge, weil das so unglaublich effektiv ist?

Nun, für eine Zeit ist es das sicherlich. Wenn es aber nichts anderes mehr gibt, dann verarmt da etwas in Dir. Du verlierst einen wichtigen Teil Deiner selbst. Und irgendwann spürst Du Dich gar nicht mehr.

Lust auf einen kleinen Test?

Als ich mich damals in den 80ern für eine Banklehre beworben habe (OK, mich bewerben musste ... aber das tut für diesen Test nichts zur Sache), wurden wir je nach Bank ausgiebig getestet.

Zu einer Banklehre aufgenommen zu werden, war eine große Ehre. Da wurde extrem gesiebt.

Nun, einer dieser Tests (neben den wunderbaren Zahlenreihen, die ich so geliebt habe) bestand darin, dass man uns Kopfrechenaufgaben gestellt hat. Der Zweck bestand nicht darin, zu testen, ob wir rechnen können, sondern darin, zu sehen, ob wir uns konzentrieren können.

Das Gemeine an diesen Aufgaben war nämlich, dass wir immer nur mit Zahlen zwischen 1 und 9 gerechnet haben, alles im Kopf. Nichts durfte aufgeschrieben werden und nichts zwischendurch notiert. Der Test ging meiner Erinnerung nach über eine Viertelstunde.

Es fing meist ganz harmlos an: $1 + 3 = ???$

Dann wurde mit dem Ergebnis weiter gerechnet: $4 \times 3 = ???$

Dann wieder: $12 - 9 = ???$

Die Aufgaben blieben immer einfach, meist war auch das Ergebnis unter 10. Das hatte zur Folge, dass wir immer mit denselben 9 Zahlen hantiert haben.

15 Minuten lang

Ohne Stift, ohne Hilfsmittel. Ich sage Dir: nach spätestens 10 Minuten kannst Du nicht mehr sagen, ob Du gerade das Ergebnis der letzten Rechnung im Kopf hast, oder ob es das Ergebnis der Berechnung davor war.

Probiert es einfach aus: Einer stellt die Aufgaben, die anderen rechnen fleißig. Wir haben jedes Zwischenergebnis laut ausgesprochen (soweit ich mich erinnere) Ich bin gespannt, wie weit Du kommst.

Warum ich darauf komme?

Um Dir zu zeigen (und vor allem Deinem Chef ... „Hi Chef, Du darfst gerne mit machen"), dass es am Anfang super ist, nur leichte Aufgaben bewältigen zu müssen.

Relativ schnell, sind die Aufgaben aber so in Deinem Gehirn festgebrannt, dass eine gewisse Automatisierung eintritt. Du arbeitest weiter und Dein Gehirn macht den Rest. Irgendwann trennt sich etwas in Dir. Der eine Teil arbeitet weiter vor sich hin und der andere Teil, ist einfach weg:

- erinnert sich an die tolle Frau in der Bahn
- schmunzelt über den lustigen „Post" einer Freundin
- denkt an die schöne Tasche im Schaufenster
- ...

Tja, dann wachst Du auf! Hast keinen blassen Schimmer mehr, ob Du den letzten Schritt eigentlich gemacht hast oder ein Feld im Formular unausgefüllt gelassen hast. Oder steht da die Zahl, die eigentlich in das Feld daneben gehört???

Dumm gelaufen

Du hast – mindestens einen – Fehler gemacht. Der kann folgenschwer sein. Ein Dreher bei einem Preis, eine falsche Stückzahl bei einer Bestellung, eine falsche Telefonnummer notiert oder den falschen Namen dazu geschrieben. Das kann fatale Auswirkungen haben.

War der Auslieferungstermin eigentlich Oktober oder doch November? Dieses Jahr oder nächstes?

Fazit:

Unterforderung schafft Fehler. Viele Fehler.
Überforderung auch und Langeweile noch viel mehr.

Die Kraft der Ornamente

Hast Du bemerkt, wie gut Dir die fließenden Bewegungen beim Schreiben getan haben? Vielleicht ist Dir auch bewusst geworden, wie gut Du Dir Dinge, die Du von Hand geschrieben hast, merken kannst. Viel besser als die, die Du in die Tastatur gehämmert oder auf Dein „Smarti getoucht" hast.

„Quatsch, glaub ich nicht", wirst Du vielleicht denken. Okay: probiere es einfach aus. Dann reden wir weiter.

Ausmalen entspannt

Vielleicht hast Du bei Deinen - oder anderen - Kindern beobachten dürfen, mit welcher Freude sie malen. Mit der Zunge zwischen den Lippen eingeklemmt, voller Konzentration und mit immenser Begeisterung malen sie.

Keine Ahnung, wann diese Begeisterung aufhört. Bei den meisten Menschen hört sie spätestens irgendwann als Jugendlicher auf. Ich denke, es liegt daran, dass die Unbefangenheit flöten geht, wenn da immer jemand ist, der einem klar macht, dass es nicht perfekt aussieht, man nichts erkennen kann und überhaupt.

Malbücher für Erwachsene

Ein neuer Trend. Warum nicht auch fürs Büro.

Der wohltuende Effekt ist, dass Du Dich wirklich nur auf diese eine Sache konzentrierst. Etwas, was das Büroleben mit all seinen Ablenkungen selten hergibt.

Es wäre schön, wenn die Zeit dafür geschaffen würde ... z. B. während eines Kundentelefonats.

Die ruhige Stimmung überträgt sich, so wie jede Stimmung sich überträgt. „Kritzeln" reicht auch.

Lege Dir einfach ein Blatt Papier auf den Tisch, während Du telefonierst und skribble einfach gedankenlos vor Dich hin. (Es gibt auch diese supertollen DINA3-Unterlagen aus Papier, einfach nur herrlich!)

Du wirst sehen, wie Du Dich entspannst, wie die Bewegungen Deinen Geist anregen, welche positiven Auswirkungen das auf Dein Telefonat hat.

Mandalas

Ein anderer Ausmaltrend, der sich ausgebreitet hat. Mandalas malen. Was ist ein Mandala? Ein – meist kreisrundes Muster, eher schon ein Ornament – das rhythmisch aufgebaut ist. Also wiederkehrende Muster und Formen.

Es gibt im Internet einige Anleitungen, wie man sein eigenes Mandala erstellt und auch eine Menge Vorlagen, die man sich herunterladen kann.

Auch hier ist nicht nur die Erstellung eines Mandalas beruhigend, sondern auch das farbige Ausmalen.

Jeder Tag hat seine Farben, jede Farbe hat eine Gewichtung. Du wirst Dein Mandala, das exakt die gleiche Form wie das des Nachbarn oder Kollegen hat, unterschiedlich ausmalen. Je nachdem, welcher Charakter Du bist und wie Deine Stimmung ist.

Im Außen wie im Innen

Das gilt auch für Ornamente. Es macht einen riesigen Unterschied, ob Du auf eine schlichte weiße Wand schaust oder ob Du auf ein Ornament siehst.

Vielleicht warst Du schon einmal bei einer Yoga-Stunde.

Die meisten Studios haben Mandalas an der Wand hängen.

Hast Du gespürt, wie Du Dich beruhigt hast, Dich zentriert hast, wenn Du längere Zeit darauf gesehen hast?

Wie Du schon gelernt hast, beeinflusst das Außen das Innen immens.

In den meisten Büros leider in negativer Art und Weise.

Guckst Du nur auf Grau, wird es nach einiger Zeit auch in Dir grau werden. Schaust Du auf Natur und grüne Pflanzen, dann wächst auch in Dir etwas heran.

Hier sind die Chefs gefragt

Liebe Chefs, mit etwas Glück, habt Ihr interessiert mitgelesen, was Eure Mitarbeiter so umtreibt. Euch ist inzwischen klar geworden, dass Ihr nur weiterkommt, wenn Ihr den Raum schafft (oder besser gesagt, schaffen lasst) der es Euren Mitarbeitern ermöglicht, in Ruhe zu arbeiten. Der dazu führt, dass sie sich konzentrieren können, schöne Ausblicke haben und angeregt werden.

Jetzt ist Euer Einsatz gefragt:

Welche Wände könnt Ihr freigeben? Wo dürfen Eure Mitarbeiter ein schönes Bild hinhängen? Möglichst groß, schön, in freundlichen Farben und mit einer guten positiven Ausstrahlung?

Damit das Büro immer noch ein zusammenhängendes Büro bleibt und alle Blickachsen gewahrt und betont werden, holt Euch Hilfe von einer Innenarchitektin oder einem Innenarchitekten.

Es ist wichtig, dass die Gestaltung mit Bedacht gemacht wird.

Alternativ: fragt mal das Schaf.

Total unterschätzt: Bodengestaltung

Bilder und vielleicht eine schicke Wandgestaltung mit Tapeten oder anderen

Materialien sind inzwischen relativ normal geworden.

Die Gestaltung des Bodens ist jedoch meist relativ schlicht. Kaum jemand wagt es, dort mit mehreren Farben und Formen zu arbeiten. Dabei ist genau dies so entscheidend.

Wir Menschen benötigen Orientierung, in jeder Hinsicht.

In wie vielen Parkhäusern hast Du schon verzweifelt Deinen Wagen gesucht, weil alles so gleich aussieht?

Weißt Du in Neubausiedlungen auch, wo Dein Haus steht, wenn jemand die Straßenschilder abmontieren würde?

Nun, die natürlichen Landmarken, auf die wir Frauen geeicht sind (deshalb erklärt Dir eine Frau gewöhnlich den Weg in etwa so: also, an dem roten Haus, mit der braunen Tür, biegst Du rechts ab, wo der große Baum steht, dann Richtung Tankstelle ...) finden sich in den meisten Gebäuden mit ihren endlosen, gleich aussehenden Fluren kaum noch wieder.

Die Landkarten (im wahrsten Sinne des Wortes: erst 3km auf der „Heinz-Müller-Straße", dann rechts abbiegen auf die „XY-Straße" ...) an denen sich Männer meist orientieren, sind in den meisten Gebäuden ebenfalls kaum nachvollziehbar.

Wie hilfreich kann es da sein, wenn Ihr alle von dem Stockwerk mit den schönen Ornamenten im Boden reden könntet, von der Wegführung, der man einfach folgen muss.

Jedes Gebäude hat Energien:

Eckige oder Runde, Verworrene oder Klare. Verläufst Du Dich auch manchmal, weil Du Dich im Stockwerk vertan hast – weil alles so gleich aussieht?

OK, Du hast einen Aufzug.

Kannst Du das Foyer, in dem Du landest denn unterscheiden und bezeichnen, auch wenn Du mal nicht genau aufgepasst hast, wo die Tür des Aufzugs sich geöffnet hat?

Wäre es nicht schön, wenn jedes Stockwerk seinen eigenen Charakter hätte? Es überall etwas zu entdecken gäbe? Du überall einen Aufhänger für ein Gespräch hättest?

Da sind sie wieder – Begegnungsstätten

Ja, da sind sie wieder. Begegnungsstätten entstehen auf natürliche Art und Weise an Orten, in denen sich Wege und damit Menschen begegnen. Die Kunst ist es, die Menschen dazu zu bringen, innezuhalten. Stehen zu bleiben, den anderen wahrzunehmen und noch besser: mit ihm ins Gespräch zu kommen.

Das ist ja das eigentliche Ziel: mehr Austausch, mehr Kommunikation, mehr echte Gespräche über alle Hierarchie-Ebenen hinweg.

Das was uns stoppt, sind Raumelemente, die uns begeistern, uns anregen, uns gefangen nehmen.

Wie z. B. ein Ornament.

Stell Dir einfach vor, Du kommst aus dem Aufzug, stehst an einem großen Treppenhaus und guckst einfach so hinunter.

Dein Blick fällt auf eine wunderschöne Form im Boden, die Dich in Ihren Bann zieht.

Du bleibst stehen, Dein Blick verliert sich. Der Aufzug öffnet sich und ein Kollege tritt heraus.

Er sieht Dich dort stehen, wird neugierig und schaut dorthin, wo Dein Blick hingeht.

Er versteht

Meinst Du nicht, dass Ihr ganz natürlich anfangt, Euch zu unterhalten? Ganz locker ins Gespräch kommt? Ihr werdet vielleicht vergleichen, welche Form Euch am meisten anspricht. Werdet diskutieren, welche Farbe Ihr am schönsten findet, welches Material Euch immer schon gut gefallen hat.

Das ist der Anfang. Vielleicht bemerkt Ihr es am Anfang gar nicht. Euer Geist beginnt sich zu regen. Auf einmal fällt Euch eine Lösung zu einem Problem ein, das Ihr schon den ganzen Tag mit Euch rumschleppt. Es öffnet sich eine neue Tür. Ihr konntet Euch durch den Anblick des wunderbaren Bodens entspannen, habt alles andere vergessen. (Hier ein Hinweis an den Chef/ die

Chefin: „Keine Angst, der/die Mitarbeiter(in) kommt bald wieder und wird dann erst recht konzentriert weiterarbeiten oder mit einer perfekten Lösung für das Problem aufwarten). Genau deshalb ist da auf einmal Platz für etwas Neues. Die Offenheit und Bereitschaft für neue Ideen.

Du bist der Samen.

Wenn Du danach beschwingt in Deine Abteilung zurückgehst, mit dieser positiven Energie, wirst Du andere damit berühren. Du gibst einen Teil Deiner Energie, Deines Lachens weiter. Du berührst andere Menschen. Diesmal: POSITIV. Sie werden diese Energie aufnehmen und sie ebenfalls weitergeben. Wie ein Tropfen, der in ein ruhiges Gewässer fällt, werden sich Ringe bilden und noch mehr Ringe, die sich immer mehr aufweiten, immer weitere Kreise ziehen und somit immer mehr Menschen erreichen: **MITEINANDER**.

Ode an die Chefs

Hast Du bemerkt, was alles geht? Ist Dir klar geworden, dass es meist tatsächlich die kleinen Dinge sind, die Großes bewirken?

Ich bohre jetzt noch einmal ein wenig im Schmerz, besser gesagt, ich habe mich mal hingesetzt und das getan, was ich den Mitarbeitern am Anfang des Buches geraten habe: mal zu schauen, was die anderen Firmen so machen. Ich nehme an, dass Du (wir kennen uns ja nun schon einige Seiten, ist es OK, dass ich Dich nun auch duze?) den Markt im Auge behältst und schaust, was die anderen, also Deine Mitbewerber, so treiben.

Vielleicht bist Du ja auch bei „Kununu". Die Frage ist nur: Liest Du die Kommentare von Mitarbeitern nur, um ihnen klar zu machen, dass sie das ganz falsch sehen oder nimmst Du sie ernst?

Möchtest Du wirklich etwas ändern?

Ist letzteres der Fall, lass uns gleich mal loslegen.
Wie? Nun, ich habe einige beispielhafte ECHTE und AKTUELLE Kommentare bei „Kununu" herausgesucht. Nicht bei den Firmen, deren Bewertungen unterirdisch sind, sondern bei den „normalen" mittelgut bewerteten Firmen.

Hier ein paar typische Kommentare:

Die Firmennamen lasse ich weg, denn sie tun eigentlich nichts zur Sache!
Zum besseren Verständnis:
Ich sortiere die Kommentare nach der Ordnung von „Kununu" und fasse verschiedene Bewertungen unter demselben Thema zusammen.

Kununu - Bewertungen
Als Beispiel von Mitarbeiter – Nöten und Freuden

Interessante Aufgaben:
- Wenig Mitspracherecht!
- Außer Veranstaltungen immer dasselbe
- Mein Arbeitgeber ist immer offen für eigene Ideen. Man kann sich super einbringen und neue Dinge ausprobieren
- Mal mehr mal weniger

Umgang mit älteren Kollegen:
- Es wäre toll, wenn das Durchschnittsalter höher gesetzt wird, so bekommen Jüngere mehr Erfahrungen im Austausch. Die gestehenden „Älteren" von ca. 35 – 40 Jahren werden eher geduldet, weil sonst vielleicht kaum noch Mitarbeiter zu finden sind! Grundsätzliches Alter von ca. 20 – 30 Jahre.
- Die meisten sind zwischen 20 – 35. Kenne hier (noch) niemanden 50+
- Expertise langjähriger Kollegen zählt nicht mehr

Karriere / Weiterbildung:
- Leider nein!
- Es gibt Trainings, allerdings mehr zum Image der Kette als für die Mitarbeiter
- Leider kaum Möglichkeiten zur Weiterbildung oder zum internen Aufstieg
- Es wird viel versprochen
- Derzeit wird leider noch nicht so viel geboten, ist aber denke ich in Arbeit

- Nur erwünscht, wenn ausgeschlossen werden kann, dass man danach nicht qualifizierter als sein Vorgesetzter ist
- Bei flachen Hierarchien sind die Aufstiegsmöglichkeiten begrenzt, aber es gibt immer viele Sonderprojekte, bei denen ich mich engagieren kann. Weiterbildung kann verbessert werden, beruht stark auf der Motivation eines jeden Einzelnen, leider kein gesteuerter Ansatz. Das finde ich schade.
- Wenn man nicht selber seinen Vorgesetzten nervt und bittet, wird man keine Weiterbildung machen können und Karrieremöglichkeiten werden nicht angeboten, erst wenn es schon zu spät ist und man bereits einen neuen Arbeitgeber hat.
- Die Kriterien für eine innerbetriebliche Karriere sind undurchsichtig bzw. unbekannt. Die Förderung mancher Mitarbeiter durch Weiterbildungen scheint willkürlich zu erfolgen.
- Man wird nicht gefördert. Es fallen Kommentare wie „Wenn Du was anderes willst, dann kannst Du Dir die Stellenanzeigen anschauen." Hier erwarte ich eine aktive Mitarbeiterförderung, was ganz und gar nicht gelebt wird. In der heutigen Zeit ein starker Minus-Punkt, gerade im Bereich IT, aber auch in allen anderen. Dieses Defizit merkt man teilweise auch in der eingesetzten Technik.

Arbeitsatmosphäre:

- Leider wird vieles für selbstverständlich gesehen, ein Lob zwischendurch zu geben scheint erst von der Geschäftsleitung genehmigt werden zu müssen!
- Unter den Kollegen eigentlich guter Zusammenhalt, aber Führungsebene übt Druck aus. Der Direktor schaut weg. Keine Menschlichkeit mehr seit dem Eintreten des neuen Managers.

Klare Lieblinge. Ansonsten Intrigen. Man wünscht sich an den Anfang zurück.

- Das Team ist super und wir begegnen uns mit Respekt
- Zwischen den direkten Arbeitskollegen sehr gut, zwischen den Abteilungen hakt es manchmal. Nicht jeder kann mit schnellen Veränderungen Schritt halten.

Arbeitsbedingungen:

- Verstellbare Schreibtische, MA Frühstück, Mittag- und Abendessen ohne Aufpreis, come as you are
- Unmenschlicher Leistungsdruck mit Ellenbogen-Verhalten. Meinungsfreiheit ist nicht erwünscht und wenn dann doch mal was durch dringt, hat das interessante Konsequenzen
- Schönes office, immer frisches Obst, Officedogs
- Nicht alle Büros haben die gleiche Ausstattung bzw. sind gleich schön. Mein Arbeitsplatz ist o.k, sicherlich kann hier noch etwas verbessert werden. Im Sommer war es sehr warm.
- Zum Teil völlig veraltete Ausstattung, wird durch den Umbau hoffentlich erneuert.
- Derzeit befinden wir uns im Umbau und man muss einen hohen Geräuschpegel und enge Räumlichkeiten in Kauf nehmen. Ich hoffe, dass mit dem neuen Gebäude und aller abgeschlossenen Umbauten, sich die Lage entspannt.
- Technik ist o.k. Raumsituation eher mau. Belüftung oft zu kalt, keine wirkliche Frischluft und Störgeräusche sorgen oftmals für Kopfschmerzen.

Vorgesetzten-Verhalten:

- Freie Tage sind immer mit dem Anruf der Arbeit gefährdet, indem man durch beständigen Mitarbeitermangel rein gerufen wird!
- Empathie fehlt, kein Konfliktverhalten, nicht für die Mitarbeiter da, fehlende Hands-on-Mentalität
- Kollegial, fair, respektvoll
- Unsere Arbeit wird anerkannt und wertgeschätzt
- Ich bin zufrieden. Mit meiner Vorgesetzten kann ich immer offen über alles sprechen. Konstruktive Kritik und Lösungsvorschläge werden gehört. Ich finde gut, dass ich mich aktiv einbringen kann. Nicht jede Entscheidung ist nachvollziehbar auf den ersten Blick. Auf Nachfrage bekomme ich immer Auskunft, manchmal leider etwas später
- Zwei Klassen: Mitarbeiter und Führungskräfte
- Konstruktive Kritik ist nicht erwünscht
- Viele Entscheidungen werden ohne jedwede Erklärung durchgedrückt, auch wenn sie noch so kontraproduktiv sind. Das Aufzeigen von Fehlern wird im Keim erstickt.

Kommunikation:

- Konflikte werden nicht geklärt oder besprochen, nach außen ist aber alles super
- Kurze, unkomplizierte Wege
- Wir sind ein sehr neues Team und dafür ist die Kommunikation schon echt super! Das hier noch ein bisschen Luft nach oben ist, ist nur positiv.
- Ganz großes Problem! Innerhalb der eigenen Abteilung sowie Abteilungsübergreifend. Selbst im normalen E-Mail Schriftverkehr herrscht Ellenbogen-Verhalten.

- Je nach Abteilung sehr unterschiedlich, ich persönlich werde gut und regelmäßig informiert. Besonderes Plus: unser CEO berichtet regelmäßig im Intranet über aktuelle Entwicklungen. Das gibt mir das Gefühl, sehr nah dran zu sein.
- Generell ist der Informationsfluss gut, natürlich gibt es immer mal wieder Infos, die auf der Strecke bleiben
- Die Kommunikation fehlt oft. Schon im oberen Management wird falsch, bzw. lückenhaft kommuniziert. Wenn man Mitarbeiter frühzeitig informieren würde, würde auch nicht so viel Unmut aufkommen. Mitarbeiter sind sehr verständnisvoll, wenn man sie mit ins „Boot" nimmt.
- Häufig werden wichtige Themen von den Führungskräften nicht angesprochen oder sogar verschwiegen.
- Die Hierarchie wird bis ins Kleinste ausgelebt, dadurch kommen bei der Belegschaft viele Dinge nur bruchstückhaft an. Die Interessen der oberen Führungsebene an den Problemen der Mitarbeiter an der Basis wird ignoriert, die Kommunikation zum Teil gänzlich (teilweise bewusst?) unterbrochen oder abgebrochen.

Kollegenzusammenhalt:

- Viele denken nur an sich, Kommunikation ist für die meisten ein Fremdwort. Das Kommunikation, das A&O in einem Unternehmen ist, wird hier außen vor gelassen.
- Wäre der nicht, wäre ich noch eher gegangen.
- Best friends ... oder raus
- Untereinander gehen wir sehr wertschätzend miteinander um und helfen, wo Hilfe gebraucht wird
- Innerhalb meiner Abteilung größtenteils ja! Das ist auch das wirklich einzige positive an diesem Haus.

Aber Abteilungsübergreifend ist es leider ein Gegeneinander statt ein Miteinander! Aufgrund des hohen Drucks bekommt man immer wieder mit, wie jeder versucht, Arbeit und Schuld auf den Kollegen abzuwälzen.

☐ Die meisten sind sehr nett, aber auch hier gibt es Getratsche. Alles in allem besser als anderswo

☐ Abteilungsübergreifend eher problematisch

Verbesserungsvorschläge:

o Es wird sich unter dieser Führung nichts ändern. Keine Menschlichkeit mehr, Hauptsache der Umsatz stimmt und man kann sein Image pflegen. Bereichsleiter fahren schön zu Einladungen (Oktoberfest, Fussballspiele …), die sie nur bekommen, weil wir uns krumm legen und die Zahlen machen.

o Man sollte sich mehr um das Wohl seiner Mitarbeiter kümmern, um Kündigungen zu vermeiden und die Wünsche und Mängel ernst nehmen.

o Man könnte besser bestimmen, wann was entwickelt wird. Das gilt für den gesamten Produktlebenszyklus. Meiner Meinung nach gibt es aber eine gewisse Tendenz zu hudeln. Durch eine koordiniertere Vorgehensweise der Abteilungen würde man ein noch besseres Produkt anbieten können.

o Die Firma sollte lernen, sich mehr zu fokussieren! Hier wird so oft irgendetwas kopflos in die Hand genommen, nur um nachher wieder festzustellen: Halt Moment, das funktioniert ja gar nicht! Und dann wird wieder etwas angefangen, angefragt und doch wieder auf halber Strecke fallen gelassen! Das kostet die Arbeitnehmer nur Zeit und Ressourcen und ist nicht gerade motivierend, denn das Projekt, in das man sein Herzblut reingesteckt hat, wird dann doch nur wieder „on hold" gesetzt

- o Noch stärkerer Zusammenhalt, Klimaanlage in allen Büros, Angebot an Weiterbildung
- o Geschäftsleitungswechsel
- o Kommunikation ist das A und O. Offenheit und Ehrlichkeit sind Grundwerte, die eigentlich jeder kennen und leben müsste. Mitarbeiter kann man nur behalten, wenn man ihnen etwas bietet und sie WERTSCHÄTZT. Gehaltserhöhung ist immer ein großer Anreiz ...
- o Mehr Wertschätzung für die Mitarbeiter an der "Basis" aufbringen. Diese, die das eigentliche Kapital der Firma darstellen, werden von oben herab ignoriert. Es erwächst der Eindruck (von manchen sogar offen kommuniziert), dass man froh sein kann, hier arbeiten zu dürfen. Mit dieser Einstellung wird bei den immer spärlicher werdenden Fachkräften auf dem Arbeitsmarkt in naher Zukunft ein Loch entstehen, was man nicht mehr zu stopfen vermag. Die Guten sind dann schon weg ...

Pro:

- Eigentlich ein tolles Konzept und unter passender Führung gibt es im Konzern auch tolle Häuser. Das gab es bei uns in Berlin auch mal. Wirtschaftlich top Haus. Deshalb muss sich auch keiner Gedanken machen.
- Das Hotel ist eigentlich der Hammer. Das Konzept ist super cool und auch der Umgang mit Gästen und Kollegen macht alles viel persönlicher!
- Jeder darf kreativ sein und jeder wird in seiner Position respektiert, wertgeschätzt und gut aufgenommen
- Du-Kultur
- Kurze Wege
- Eigene Entscheidungsgewalt

- Viel Verantwortung
- Tolle Mitarbeiter Benefits unabhängig von der Position
- Die Arbeit wird anerkannt! Mitarbeiter-Goodies wie Weihnachtsfeier, Kooperationen und unschlagbare Konditionen in den anderen Hotels der Kette
- Es ist wirklich ein offenes Arbeiten. Egal, wen man kritisiert (Vorstand, Vorgesetzte …) kann es auch mal passieren, dass die Kritik einfach umgesetzt wird. Außerdem sind die Leute auch ziemlich gut. Eigentlich schade, dass ich gegangen bin.
- Dass es regelmäßig Feiern gibt (Weihnachten, Party im neuen Office, Geburtstage etc.) und die Hierarchien ziemlich flach sind.

Contra:

- Es werden manchmal Entscheidungen getroffen, die man als „normaler" Arbeitnehmer nicht nachvollziehen kann. Diese Entscheidungen werden einem aber auch nie erklärt! Der Arbeitsstress ist aufgrund der momentanen personellen Situation nicht gerade gering. Es wird versucht, hier und da zu sparen, drückt dem Mitarbeiter noch diese und jene Aufgabe aufs Auge und wundert sich dann warum andere Sachen liegen gelassen werden (müssen)
- Männerdominanz im oberen Management
- Obstkörbe und Massage am Arbeitsplatz sind nett, reichen jedoch nicht um die Mitarbeiter langfristig an das Unternehmen zu binden. Dazu bedarf es z. B. regelmäßiger Weiterbildungen, Empfänglichkeit für konstruktive Kritik, Mitsprachemöglichkeit der Mitarbeiter, faire und adäquate Bezahlung.
- Offenbar kein Interesse an langfristiger Mitarbeiterbindung – und Qualifikation

Ode an die Chefs - Fortsetzung

Hast Du bemerkt, dass sich ganz viele Dinge wiederholen?
Was ist Deine erste Reaktion?

- Immer sind nur die Chefs daran schuld
- Ich verstehe die nicht
- Immer bin ich für alles verantwortlich
- Ich zahle ständig drauf – und wofür das alles?

Oder vielleicht die Erkenntnis:

- Mist, was die hier in ihrem Buch geschrieben hat, ist gar nicht so aus der Luft gegriffen …

Diese Kommentare sind relativ zufällig. Ich habe einfach mal ein paar Firmennamen eingegeben, die mir eingefallen sind oder Firmen, auf die ich neugierig war.

Ich gebe zu, mir kam erst, während ich dieses Buch geschrieben habe, die Idee, die Infos, die eine Bewertungsplattform bietet, wirklich mal konkret zu nutzen.
Gerne gebe ich zu, dass ich zwischendrin überlegt habe, ob ich nicht übertreibe. Vielleicht beruht meine Sichtweise ja nur darauf, dass ich selbst oft in Firmen geraten bin, in denen einiges schief hing.
Tja und dann muss ich zugeben, dass mich die Bewertungen, während ich sie studiert habe, sehr erschüttert haben.

Da ist ein riesiges Potenzial an Mitarbeitern, die sich Gedanken über ihr Unternehmen machen, die sich einbringen möchten.

Es gibt ein sehr großes Interesse der Mitarbeiter an ihrer Firma. Sie möchten sich zugehörig fühlen, gesehen werden.

Da ist soviel Wissen und Erfahrung, die ungenutzt verkommen.

Soviel Motivation, dazu zu lernen, Karriere zu machen, etwas zu bewirken.

Hast Du es bemerkt:

Die auf Büromessen propagierten Trends leben auch hier in den Kommentaren:

- ∞ Es ist wichtig, dass das Arbeitsumfeld schön gestaltet ist
- ∞ Den Arbeitnehmern ist bewusst, dass sie sehr viel Zeit in den Büroräumen verbringen
- ∞ Es ist ihnen wichtig, sich dort einzurichten
- ∞ Ja, es gibt Menschen, die Kopfschmerzen von der Klimaanlage kriegen
- ∞ Ja, da werden Störgeräusche erwähnt
- ∞ Ja, ohne es konkret auszusprechen, ist da das Bedürfnis, seinen Platz in der Firma zu haben

Und was ist das größte Problem in allen Firmen?

Richtig: die KOMMUNIKATION und damit verbunden, die eigene Wertschätzung. Das Bedürfnis, teilhaben zu dürfen. Eine Art Familie zu sein, sich zu vertrauen, sich auf die anderen verlassen können.

Verstehst Du nun, wie wichtig es ist, dass Du in Aktion kommst?

Hier in den Kommentaren wird es ganz klar ausgesprochen: Deine Mitarbeiter gehen, wenn ihre Bedürfnisse nicht erfüllt werden. Und das ist ein durchaus berechtigtes Verhalten. Warum sollten sie ihre Gesundheit und ihr Wohlbefinden aufs Spiel setzen, wenn sie so gar nicht wertgeschätzt werden?

Lass es erst einmal sacken. Vielleicht liest Du alle Kommentare noch einmal durch. Jetzt bist Du gefragt.

Du kannst Düngen oder Vertrocknen lassen.

Beleben oder Zerstören.

It's up to you.

Wie ich Dich unterstützen kann

Hast Du Dich ein bisschen erholt?

Nichts wird so heiß gegessen, wie es gekocht wird. Die Suppe muss aber ausgelöffelt werden. Sorry, Du bist (immer noch) gefragt.

Wir haben uns jetzt alle Herausforderungen angesehen. Da ist sehr viel Potenzial und leider sehr viel Frust.

Was tun?

Du musst eine Entscheidung treffen. Die Entscheidung, wie es weitergehen soll. Bleiben oder gehen.

Wenn bleiben, was änderst Du? Als Mitarbeitermensch hast Du nun einige Hinweise, Tipps und Tests.

Als Chef:

Nun, gehen ist für Dich wohl keine Option. Dir stellt sich nun die Frage, womit Du anfängst. Die andere Frage, die sich stellt: alleine oder mit Unterstützung?

Was sind die nächsten Schritte?

Miteinander reden. Nachfragen, nachfragen und noch mal NACHFRAGEN. Ja, der Chef voraus! Mach Dich auf die Reise durch Deine Firma. Sieh die Menschen, die dort (für Dich!, selbstverständlich auch für sich) arbeiten einmal aus einer anderen Perspektive. Stell Dir vor, Du wärest ein Besucher in Deiner eigenen Firma. Wenn Du willst, verkleide Dich einfach mal als solcher und erfahre, wie man Dich in Deiner Firma als Besucher empfängt.

Wie geht man mit Dir um? Fühlst Du Dich wohl und freundlich empfangen oder würdest Du gleich wieder gehen?

Betrachte die Menschen, die Du in Deiner Firma siehst als Menschen, mit Geschichten, mit Nöten, Ängsten und Freuden.

Kennst Du sie eigentlich alle oder hat sich da etwas verselbständigt?

Sei ehrlich!

Was weißt Du wirklich über Deine Mitarbeiter? Kennst Du ihre Namen? Hast Du eine Ahnung, wie lange morgens ihre Anfahrt zur Firma ist? Weißt Du, ob sie Familie haben oder alleine sind?

Kennst Du ihren Hintergrund? Wo sie studiert haben, wo sie vorher gearbeitet haben? Welche speziellen Fähigkeiten jeder hat?

Wer bezaubert Dich durch sein Lachen? Warum lacht der andere überhaupt nicht?

Nimm Dir doch mal einen Tag Zeit (ja, einen ganzen Tag), um sie alle etwas näher kennenzulernen. Nicht nur in einer Betriebsversammlung, sondern ganz persönlich.

Deine Mitarbeiter möchten mehr gesehen werden, das ist Dir nach dem Lesen der „Kununu-Bewertungen" sicherlich auch klar geworden.

Na los, gib Dir einen Ruck, denk an die 36 Mitarbeiter im Verhältnis zu den 100 bezahlten. Du kennst die Gehälter, die Du zahlst!

Du wirfst doch sonst nicht Dein Geld zum Fenster raus! Oder ???

Da in Deiner Firma sitzt Dein Kapital. Fähige Mitarbeiter (sonst hättest Du sie ja nicht eingestellt ...) die darauf brennen, erweckt zu werden. Die sich nichts sehnlicher wünschen als wieder den Sinn in ihrer Arbeit zu sehen und wertgeschätzt zu werden.

Wie ich Dich unterstützen kann

„Nun, ich sehe etwas, das Du nicht siehst." Dieser alte Spruch und dieses Kinderspiel kommt ja nicht von ungefähr.

Lange habe ich es tatsächlich nicht glauben wollen, dass ich mehr sehe als andere. Ich gebe zu, dass ich es auch lange Zeit gar nicht sehen wollte, weil es immer dazu geführt hat, dass dieses Wissen mich vor schwierige Entscheidungen gestellt hat.

Was sollte ich z. B. tun, als ich gesehen habe, dass Mitarbeiter, die in einer zentralen Position saßen und die ich für den Aufbau des Firmenmessestandes zur Verfügung gestellt bekommen habe, alkoholkrank waren?

Wusste die Firmenleitung, dass es so war? Hatten sie gedacht, ich würde es nicht merken und es würde schon irgendwie gut gehen?

Wahrscheinlich weißt Du, dass Messestände ihre eigenen Regeln haben.

Da ist keine Zeit, um lange nachzudenken. An einem bestimmten Tag öffnen sich die Türen und der Stand muss fertig und perfekt stehen. Da gibt es kein Vertun.

Mir war klar, dass ich einem Menschen, der sich schon am Anfang der Messe, deutlich zu viel hinter die Birne kippte und morgens sehr schwer riechend auf den Stand kam, nicht die alleinige Verantwortung überlassen konnte.

Da er über Wissen verfügte, das ich brauchte und in der Firma als DER Mitarbeiter, DER Problemlöser und Macher bekannt war, konnte ich ihn unmöglich vor seinen langjährigen Kollegen bloßstellen.

Ich durfte ihn auch nicht brüskieren, denn dann wäre er zusammengebrochen, hätte zumindest alles abgestritten und wäre noch gestresster gewesen.

Was tun?

Nun, was habe ich getan? Ich war absolut unbekannt bei den Mitarbeitern, kannte nur die Geschäftsführer von anderen Projekten.

Ich habe mich erst einmal umgehört, wie die anderen Kollegen ihn sehen. Habe vorsichtig angedeutet, dass ich das Gefühl hätte, dass er mit der

154

neuen Technik etwas überfordert war. „Nein, der macht das schon. Der hat hier immer alles geschafft und gelöst"

OK, er war mit Sicherheit schon längere Zeit krank, aber es schien keiner bemerkt zu haben. Einhellig wurde seine Tatkraft beschrieben. Ich konnte ihn unmöglich vor seinen Kollegen bloßstellen. Er war definitiv der Einzige, der sich auskannte.

Ich brauchte ihn – und zwar leistungsfähig.

Nun, ich habe mich überwunden und die Geschäftsleitung vorsichtig angesprochen. Erleichtert kam heraus, dass sie es zumindest ahnten.

Ich habe den Chefs klargemacht, dass für einen Entzug oder eine Beratung definitiv der falsche Zeitpunkt war. Es war beruhigend für mich, dass ich immerhin Rückendeckung von der Geschäftsleitung hatte.

Der Messestand musste fertig werden. Es war klar, dass er und sein Kollege total überfordert waren, weil das Unternehmen in dem vorhergehenden Jahr tatsächlich einen Riesensprung nach vorne gemacht hatte.

Klar war aber auch, dass er seine Überforderung vor mir, einer Frau, die neu in „seinem" Unternehmen war, NIEMALS zugegeben hätte.

Gleichzeitig war ihm genauso klar wie mir, dass er seine Aufgabe niemals würde alleine bewältigen können. Was mit Sicherheit zur Folge haben würde, dass er noch mehr trinken würde. Das wäre für uns alle eine Katastrophe.

Menschlich vorgehen

Ich musste ihn stärken, ohne ihn auf seine Schwäche hinzuweisen. Ihm helfen, ohne, dass es nach helfen aussah.

Nun, ich habe mit Rückendeckung der Geschäftsleitung zusätzliche Manpower bestellt und bekommen.

Da wir zeitlich etwas zurücklagen, habe ich ihm klar gemacht, dass es zu seinem Besten ist, wenn er zusätzliche Leute bekommt. Ich würde nicht warten, bis es offensichtlich würde, dass wir zu spät sind. Lieber direkt am

Anfang eingreifen, weil wir alle einen Puffer gut gebrauchen konnten.

Nun, es hat einiges an Verhandlungsgeschick gebraucht. Ich musste die neu hinzugerufenen Externen stetig ermuntern, seine Beschimpfungen nicht zu ernst zu nehmen und ihm klar machen, dass seine Position nicht gefährdet sei, dass er einfach nur Unterstützung bekäme.

Der erste Tag war ziemlich anstrengend. Als er begriff, dass das für alle die beste Lösung war, hat er sich entspannt. Weil er sich entspannt hat, benötigte er deutlich weniger Alkohol und nach einem weiteren Tag fand er Gefallen daran, jemanden an seiner Seite zu haben und hat tatsächlich mit den Externen zusammengearbeitet.

Es hat funktioniert

Am Ende konnte auch er den „Flow" auf dem Stand genießen, denn er war Teil davon geworden. Sein über Jahre erworbenes Fachwissen konnte er anbringen und uns wirklich helfen. Er konnte stolz auf sich sein, ohne vorher bloß gestellt worden zu sein.

Ich nehme an, dass die Geschäftsleitung nach der Messe mit ihm geredet hat. Auf jeden Fall habe ich ihn auch noch Jahre später in der Firma gesehen, fröhlich und immer noch derjenige, der die Dinge regelt. Keiner der näheren Kollegen hatte etwas mitbekommen.

Mein Angebot:

Wenn Du wirklich daran interessiert bist, zu verstehen, was Deine Mitarbeiter umtreibt, wo sie der Schuh drückt und was ihnen hilft, um die Leistung zu bringen, die sie bringen möchten, dann kann ich Dir helfen.

Du musst Dir nur darüber im Klaren sein, dass ich mit ziemlicher Sicherheit Dinge herausfinden werde, die nicht so ganz leicht verdaulich sind.

Bist Du bereit, sie Dir anzuhören bzw. zeigen zu lassen und die

Konsequenzen zu tragen? (es ist nur zu Deinem Besten!!!)

Sei es, dass Mitarbeiter definitiv an der falschen Stelle sitzen, sei es, dass die ganze Büroordnung umsortiert werden müsste, dass bauliche Maßnahmen in Angriff genommen werden müssten, sei es … Was auch immer.

Irgendwo ist der Knoten, irgendwo läuft es schief, sonst wärest Du nicht bis hier gekommen.

Du merkst, dass da mehr im Argen liegt, als Dir lieb ist. Hey, es ist Deine Firma! Du hast die Wahl: ändere etwas oder zahle weiterhin eine Unmenge an Geld an Menschen, die ihre Kraft nicht auf die Schiene bringen können, weil irgendetwas in Deiner Firma sie daran hindert.

Schattentag

Es beginnt immer mit einem sogenannten Schattentag. Das bedeutet, dass ich einfach unauffällig durch die Firma gehe, mich an Knotenpunkte setze, zuhöre, was gesprochen wird. Dabei werden schnell die Dinge klar, die die Mitarbeiter am meisten beschäftigen.

Ich sehe mir an, wie die Abläufe in der Firma sind, wie die Wegzonen verlaufen. Wer wen mag, wie sich Besucher fühlen, wo Architektur und Einrichtung nicht stimmig sind. Wo ein Begegnungsplatz sinnvoll installiert werden könnte und und und.

Mitarbeitergespräche

Im Anschluss würde ich schon etwas offizieller mit den Mitarbeitern sprechen. Irgendwo in lockerer Atmosphäre. Ihnen klar machen, dass sie nun die Chance haben, sich ihren Frust von der Seele zu reden und dass ich ihre Angaben erst einmal vertraulich behandeln werde.

Rückmeldung, Zusammenfassung

Als Erstes bekommst Du dann von mir eine Rückmeldung, wo der Schuh meiner Meinung nach drückt. Ich erspare mir aufwendige schriftliche

Zusammenfassungen, die Zeit können wir besser gemeinsam vor Ort nutzen. Du kannst natürlich gerne jemanden dazu holen, der Notizen macht oder unser Gespräch protokolliert. Es geht mir ums Umsetzen, um die Bewegung und wirkliche Hilfe und Unterstützung, nicht um hübsche verstaubte Kladden in irgendeiner Schublade.

Wir setzen uns an einen Tisch

Und zwar so viele wie möglich. Keine Ahnung, wie wir die Auswahl treffen. Das hängt von Deiner Firma ab. Es hängt davon ab, wie offen Deine Mitarbeiter sind. Vielleicht ergibt es Sinn, erst einmal die einzelnen Abteilungen durchzugehen. Das entscheiden wir beide im Gespräch, wenn ich bei Euch bin.

Erwarte nicht, dass ich komme und Dir die Lösungen hinwerfe. Ich sage Dir, was ich wahrnehme, dann finden wir heraus, woher es kommt, dass etwas nicht läuft, wir reden. Die Dinge werden sich entwickeln. Ich werde die Anregungen und Fäden aufnehmen, eigene „Inputs" geben und die Richtung und das große Ganze in Händen halten. Wo wir letztlich landen, kann keiner von uns vorhersagen. Es ist ein Prozess. Wichtig ist, dass sich alle Zeit nehmen und sich einbringen. Denn nur so kann die Lösung am Ende von allen gemeinsam getragen werden.

Alle sind beteiligt

Ja, alle. Du hast es doch selbst in den „Kununu-Bewertungen" gelesen: Das größte Manko ist, dass da immer Informationen verloren gehen oder erst gar nicht geteilt werden. Wer möchte schon, dass er einfach vor vollendete Tatsachen gestellt wird?

Wir träumen

Zusammen schmeißen wir alles in die Runde, was uns einfällt. Wir „Brainstormen". Wir gehen raus, laufen herum, diskutieren, skizzieren und sprechen.

Du wirst erstaunt sein, was in Deiner Firma passiert. Dinge, die Du bislang nie mitbekommen hast. Jetzt bist Du Teil und nicht mehr ein Durchlaufposten, vor dem alle im schlimmsten Fall Angst haben.

Wir prüfen

Wir werden Vorschläge simulieren, Dinge ausprobieren. Wir werden uns Zeit nehmen. Stell Dich darauf ein.

Wie das geht nicht? Hey, Ihr arbeitet auf 36% - schon vergessen? Da macht es doch Sinn, eine kurze Zeit ganz zu stoppen, um danach mit 70–80% weiter zu machen, oder? Auch wenn wir 5 Tage benötigen, die hast Du in weiteren 5 Tagen wieder raus und danach gewinnst Du – jeden Tag. Nicht nur an Umsatz, Du gewinnst an Begeisterung, an guter Stimmung, an zufriedeneren Kunden und an deutlich mehr Spaß an der Arbeit.

Wir realisieren

Dann geht es an die Umsetzung, sonst wäre es ja sinnlos. Das ist eine tolle Phase, weil jeder die Wirkung sehen kann. Jeder kann die neue Energie spüren. Kann sich einbringen, fühlt sich gesehen.

Eine neue Unternehmenskultur

Ja, so ist es, es entsteht eine neue Unternehmenskultur. Eure selbst geschaffene neue Unternehmenskultur. Du wirst sehen, wie wunderbar sich das anfühlt. So wie einen Schuppen ausräumen und neu sortieren, in dem man schon seit Jahren nichts mehr gefunden hat. Welche Freude schon beim Ausräumen über all die vergessenen Dinge. Und wie groß ist die Freude erst, wenn alles durchgesehen, aus- und einsortiert ist und der Schuppen auf einmal so viel Platz bietet und alles sofort auffindbar ist.

Transparenz

Du hast es ja selbst gelesen. Transparenz ist entscheidend. Fähige Mitarbeiter möchten wissen, warum sie etwas tun. Sie möchten die Chance haben, zu beurteilen, ob es sinnvoll ist, etwas zu tun. Sie möchten eingreifen können, Verantwortung übernehmen, Teil haben.

Wegführungen

Wir gucken uns alles an: Ist Deine Firma auch von außen einladend? Was fällt einem als Besucher als Erstes auf? Wird er dort hingelenkt, wo er auch wirklich hin soll? Fühlt er sich empfangen oder irrt er orientierungslos herum? Ist er hilflos oder entspannt?
Ach, es gibt tausend Fragen.
Im Außen wie im Innen und umgekehrt. Ist Deine Firma bezüglich der Mitarbeiter und Arbeitsabläufe eher verworren und schwer zu durchschauen, dann wird es die Architektur und die Wegeführung sehr wahrscheinlich auch sein.

Ornamente

Ja, wir können auch diese enorme Kraft nutzen. Ich kann durch die Wand-, Boden- und Deckengestaltung Stimmungen erzeugen. Wo soll man denn ruhig und langsamer werden, wo darf auch mal mit Freude beschleunigt werden? Wie orientiere ich mich an Kreuzungspunkten, wo möchte ich verweilen, weil ich mich dort so wohlfühle?

Begegnungsplätze

Ach ja, die Begegnungsplätze! Es ist ein Irrglaube, dass es verschwendete Zeit wäre, sich mit anderen auszutauschen. Unterschätze nicht, was eine persönliche Beziehung zwischen zwei oder mehreren Menschen bewirken kann. Da wird mal kurz ausgeholfen, ein Tipp gegeben, unter die Arme gegriffen.

160

Wenn 5 Minuten Unterhaltung die Arbeitsabläufe zwischen den Abteilungen um Stunden geschmeidiger machen, sind sie dann wirklich verschwendete Zeit?

MITEINANDER

Das ist das Ziel. Ich schaffe in Zusammenarbeit mit den Menschen in Deiner Firma den Raum, in dem das möglich ist. Einen Raum, in dem Menschen sich wohlfühlen, sich gerne aufhalten, in Ruhe und ohne unnötige Ablenkung arbeiten können. Ist das nicht wunderbar?

WERTSCHÄTZUNG

Eine wichtige Basis. Wir hören uns zu. Alle freuen sich über die Anregungen. Jeder ist beteiligt, denn es geht jeden etwas an. Außerdem ist es enorm wichtig, dass das Projekt ein Gemeinschaftsprojekt ist.

Abschlusswort

Du hast also wirklich alles gelesen. Das macht mich richtig glücklich.
Was konntest Du auf dem Weg lernen? Was ist Dir klar geworden?

Ich freue mich, wenn Du mir Rückmeldung gibst, damit ich beim nächsten Buch noch besser werden kann.
Vor allem aber immer dicht am Kunden bin.
Was sind Deine Erkenntnisse?
Was wirst Du ab nun anders machen?
Holst Du Dir Hilfe in welcher Form auch immer?
Da ist oft eine riesige Kluft zwischen Mitarbeitern und Chefs. Das muss nicht sein. Ihr habt so viele Dinge gemeinsam. Vor allem seid Ihr alle Menschen. Menschen mit Gefühlen, mit Erfahrungen, mit Ideen und mit Visionen.

Nutzt die Chance, dass Ihr das Leben und die Firma aus unterschiedlichen Perspektiven betrachtet. Darin liegt so viel Potenzial!
Ihr habt doch gelesen und gespürt, was in den Kommentaren stand. Ich habe aktuelle, echte Bewertungen bei „Kununu" herausgesucht.
Spürt Ihr, wie viel Engagement da durchscheint? Wie gerne die Mitarbeiter arbeiten möchten? Sich mit ihrem Unternehmen identifizieren möchten? Wie sehr sie sich nach Kommunikation, nach „Aufgehoben sein", nach Zugehörigkeit sehnen.

Packen wir es an!

Deine Regine Rauin
WohnDICH

Und so erreichst Du mich:

Lebenraum- Gestalterin
mit allen Sinnen
WOHN**DICH** - Regine Rauin

Webseite: www.wohnDich.de

Mail: einfachgluecklich@wohnDich.de

Social Media: Instagram: Wohn**DICH**
                                    Facebook: Wohn**DICH** gesund

Wohnportale: www.Houzz.de
                                    www.homify.de

Podcast: itunes   Wohn**DICH**

... ein letzter Impuls

Kurz bevor ich das Buch „freigegeben habe" habe ich in mir gespürt, dass da etwas ist, das ich noch nicht wirklich berücksichtigt habe. Ich hatte das Gefühl, mein Herzensprojekt Buch ist noch nicht richtig rund.

Da war ein starker Impuls in mir, mich nicht so anzustellen, es jetzt gut sein zu lassen. Der Gedanke: „So ist das eben, kurz bevor es fertig ist, wird man unsicher."

Ich habe diesem Impuls widerstanden, weil ich gespürt habe, dass das, was sich da in mir wehrt, wichtig ist und angehört werden möchte.

Jetzt, wo ich mit diesem Teil in mir „gesprochen habe" kann ich Dir mit auf den Weg geben, dass es immens wichtig ist, diesem unguten Gefühl in Dir Gehör und Deine volle Aufmerksamkeit zu schenken.

Dieser Teil ist der Begegnungsplatz mit Dir selbst!
Wir werden von so vielen Inputs, Meinungen, Anweisungen und Vorschriften umspült, dass wir in Gefahr geraten, uns dabei selbst zu verlieren. Nicht umsonst ist Achtsamkeit das große Thema dieser Zeit.

Trete für Dich einen Schritt zurück, nimm Dir die Zeit und gestatte Deinen Gedanken aus den alten Gewohnheiten heraus und wieder in Bewegung zu kommen.

Dazu braucht es nur einen kleinen Impuls:
Wie wär's mal mit nem Schaf?

...ein allerletzter Impuls

Ulrike Wünnemann

Wow, was für eine spannende Reise habe ich gehabt!
Nicht nur, dass ich im Manuskript dieses Buches unterwegs war, nein, ich gelangte auch in neue Sphären meiner Gedankenwelt!
Dem Schaf sei Dank!

Ein niedliches kleines „Dekoschaf" hat meine Gedanken derart in Bewegung gebracht, dass es mich aus meinen - ach so vertrauten - Gewohnheitsmustern holte. Und so tatsächlich meine Bürowelt verändert hat.

Wie sonst ist es möglich, dass jetzt in meinem Büro ein blaues Bild an der Wand hängt und mein Regal ein schönes, blaues Seidentuch ziert!

Blau, meine Lieblingsfarbe, hat bis dato komplett gefehlt. Ohne, dass ich es gemerkt habe. Dank der feinsinnigen Impulse von Regine Rauin (es gab davon noch weitere ...) habe ich erkannt, mit was für "Kleinigkeiten" man so einen "Klimawandel" im Büro bewirken kann. Es sind genau diese Impulse, die alles verändern können! Und zwar dann, wenn sie maßgeschneidert sind; also höchst individuell! Denn jeder von uns tickt anders. Und wie ich ticke, das hat Regine Rauin schnell (um nicht zu sagen blitzschnell) erkannt.

Meine blauen "Lichtblicke" sind jetzt täglich für mich da und auf dem Schreibtisch steht - wie kann es anders sein - ein SCHAF! Und lacht mich täglich an.

Und ich?
Ich lache zurück.
Jeden einzelnen Tag.

166